I0879584

FEDERICO NIETZSCHE

FEDERICO NIETZSCHE

por Juan Pablo Morales Anguiano

Grupo Editorial Tomo, S. A. de C. V.
Nicolás San Juan 1043
03100 México, D. F.

1a. edición, octubre 2003.
2a. edición, febrero 2005.

© Grupo Editorial Tomo, S.A. de C.V.
Federico Nietzsche

© 2005, Grupo Editorial Tomo, S.A. de C.V.
Nicolás San Juan 1043, Col. Del Valle
03100 México, D.F.
Tels. 5575-6615, 5575-8701 y 5575-0186
Fax. 5575-6695
http://www.grupotomo.com.mx
ISBN: 970-666-803-9
Miembro de la Cámara Nacional
de la Industria Editorial No 2961

Proyecto: Juan Pablo Morales Anguiano
Diseño de Portada: Trilce Romero
Formación Tipográfica: Rafael Rutiaga C.
Supervisor de producción: Leonardo Figueroa

Ninguna parte de esta publicación podrá ser reproducida o transmitida en cualquier forma, o por cualquier medio electrónico o mecánico, incluyendo fotocopiado, cassette, etc., sin autorización por escrito del editor titular del Copyright.

Impreso en México - *Printed in Mexico*

CONTENIDO

Prólogo

Alemania vio nacer a uno de los hombres más controversiales de la historia del arte y la filosofía, se trataba de Friedrich Nietzsche. Nacido en Röcken en 1844, hijo de un pastor protestante, su niñez estuvo llena de dificultades internas que se manifestaban en una marcada rebeldía acusada por la pérdida de su progenitor el 30 de julio de 1849, por lo que su educación se desarrolló entre mujeres, lo que lo marcó para siempre y es muy probable que la represión a la que lo tenían sometido se haya reflejado años más tarde en su incapacidad de relacionarse sentimentalmente con una mujer.

Sus amistades, que eran pocas, siempre estuvieron marcadas por la controversia y los problemas, la más significativa de todas ellas fue la que sostuvo con el músico Richard Wagner y su esposa Cosima, a quienes debido a diferencia de criterios dejó de frecuentar e incluso llegó a atacar en algunas de sus obras, mientras que el músico seguía sintiendo un gran aprecio por él.

El amor parecía ser un asunto prohibido para él, en un estado de desesperación moral y económico, pensó en contraer matrimonio por conveniencia, por lo que por medio de una carta le pidió matrimonio a una mujer de nombre Mathilde Trampedach. Esta mujer se sintió ofendida por la rudeza de dicha carta, Nietzsche nunca se había enamorado y nunca había intentado escribir una carta romántica a una mujer, lo que se reflejó en dicha carta, por lo que la petición fue rechazada.

Su otro "amor" fue una rusa de nombre Lou Andreas Salomé, que fue la manzana de la discordia entre él y su amigo Paul Reé, esta vez el filósofo estaba de verdad enamorado, aquella mujer había logrado llegar hasta los rincones más íntimos de su corazón, pero fue rechazado de nueva cuenta cuando decidió, por medio de Reé, exponer sus sentimientos a la dama, quien le aseguró que su amistad seguiría siendo la misma. Sin embargo, él la amó en silencio por mucho tiempo.

En este tópico podemos decir que esta última relación, que ahora se mantenía en el plano de la amistad, se vería destrozada debido a la intervención de su hermana Elizabeth, quien en un ataque de celos contra la mujer rusa, comenzó a tejer una red de intrigas y calumnias que terminaron por alejar definitivamente a Nietzsche de Salomé y Reé. Este rompimiento se aunó al de su hermana, a quien culpaba de todo lo que había pasado, incluso cuando ésta se casó con Bernhard Föster, un maestro berlinés, se enteró de que éste había participado en la conspiración contra Lou Andreas, y tampoco lo perdonaba por eso.

En cuanto a sus logros profesionales podemos decir que la agudeza de su mente y su gran capacidad lo llevaron a ocupar una cátedra en la Universidad de Basilea a la edad de veinticuatro años, logro que muchos incluso a edad más avanzada nunca pudieron conseguir, es en ese lugar donde la polémica comienza a rondar su vida, ya que escribe su obra *El origen de la tragedia,* la cual levanta una gran polémica y ocasiona que su reputación como científico sea pisoteada y desaparecida, la cual jamás podría recuperar.

Es en este periodo cuando comienza la guerra franco-prusiana, en la cual participa como enfermero voluntario, pero termina antes de tiempo su periodo debido a que contrae difteria y disentería; estas enfermedades, según varias teorías, pudieron ser una de las causas de su muerte y previa demencia, pero también se cree que contrajo una fuerte infección de sífilis en una visita a un burdel, experiencia que según sus propias palabras lo aterrorizó.

Es necesario decir que el vínculo que lo unió a Wagner desde un principio fue Schopenhauer, personaje al que ambos admiraban a un grado similar a la idolatría, pero durante esta relación la admiración de Nietzsche por Wagner fue *in crecendo,* por lo que al paso de los años, Nietzsche había dedicado varios de sus escritos a elevar la opinión que el público tenía sobre la obra del músico, pero sólo lograba que sus detractores lo atacaran por esta aparente actitud de servilismo.

Con el tiempo, sus padecimientos se fueron agravando, provocándole grandes ataques de náuseas, dolores de cabeza y ojos, esto también ha sido motivo de grandes polémicas, ya que hasta ahora nadie ha podido precisar cuál fue el motivo real de su demencia y muerte, muchos lo atribuyen a un proceso neurótico ocasionado por el rompimiento con Wagner, mientras que otros aseguran que las enfermedades contraídas en su juventud fueron la causa de estos padecimientos que al final le ocasionaron la muerte.

Su filosofía estaba caracterizada por un repudio total a Sócrates y su racionalismo, pues culpaba a este filósofo de la desaparición de la tragedia clásica griega, y de que sus efectos siguieran causando daño hasta esos días. Otro rasgo particular de su obra, sobre todo en los últimos días, fue la total negación del cristianismo, al que consideraba una medida de represión espiritual más que un medio para lograr liberar al alma y el desarrollo del individuo hacia la perfección.

Su obra maestra fue, sin duda, *Así habló Zaratustra,* la cual estaba basada en su concepto del superhombre y de cómo éste debía lograr la superación de sí mismo, sirviendo de ejemplo y guía para los demás, ya que según el autor, Dios había muerto y ahora la Tierra era el único paraíso que el hombre conocería, pues se había terminado la promesa de una vida eterna, y el hombre debía superarse en esta tierra, sin creer en las tentadoras ofertas de una vida ultraterrena. Curiosamente, este elemento era nuevo, ya que la idea básica de la obra había sido el concepto del retorno perenne.

Las últimas obras de su vida fueron un grandioso legado para la humanidad, legado que estuvo expuesto a desaparecer, por lo menos en su forma original, gracias a las falsificaciones que su hermana realizó tal vez con la idea de obtener un provecho económico de ello, pero que fueron descubiertas y expuestas dando inicio a la recuperación de la obra del brillante filósofo.

Sus últimos días fueron en verdad muy dolorosos, no para él, sino para aquellos amigos que lo querían, ya que de su brillante mente no quedaba nada, el tipo orgulloso y analítico había desaparecido en las tinieblas de la locura, para por fin descansar eternamente en el año 1900, en la ciudad de Weimar mientras se encontraba bajo el cuidado de su hermana.

Su desaparición dejó un hueco que nadie pudo llenar, sus conceptos considerados en algunos casos proféticos, siguen vigentes hasta nuestros días y sus obras dan testimonio de las tribulaciones y genialidad de un hombre al borde del precipicio.

Así habló Nietzsche.

CAPÍTULO I

El nacimiento

EL GENIO

La importancia de las obras de este excelso filósofo han dejado una profunda huella en la posteridad y formación de la conciencia colectiva a nivel mundial, situando su trabajo a la par de Hegel, Marx o el mismo Schopenhauer; su pensamiento logró adelantarse a su tiempo y dar una visión previa a lo que llegaría a ser el siglo XX. Sin embargo, como suele suceder en la vida de un gran pensador, Friedrich vivió en la incomprensión y en la soledad, durante sus días no logró contemplar los frutos de los mismos, ya que la muerte lo sorprendió muy joven, su vida apenas duró unas cuantas décadas.

Su vida fue en realidad parca, sin acontecimientos espectaculares, no hubo un momento en que una luz divina bajara del cielo y lo iluminara, ni tampoco escuchó o tuvo una visión que le revelara el futuro y pusiera en orden sus ideas; por lo mismo, sus colegas y contemporáneos nunca le rindieron algún tipo de reconocimiento; él mismo comenta lo que era su vida al decir: "Una cosa es mi vida y otra mi trabajo". La filosofía de este complicado personaje es un ejemplo poco recurrente de cómo la problemática filosófica está ligada intrínsecamente al filósofo, llegando a asemejarse a los fundadores de las doctrinas religiosas; para lograr la completa comprensión de la forma de pensar del mismo, es necesario conocer su vida y las motivaciones más íntimas de cada momento, lo que nos brinda una pista sobre su sentir y estado anímico en el momento de su creación.

LA FAMILIA

La familia del filósofo pertenecía al credo luterano, lo habían venido haciendo desde generaciones anteriores, y por supuesto, ellos no eran la excepción, de hecho eran un prominente miembro de esta congregación. Esta familia era la personificación de los valores, virtudes y tradiciones de Alemania, pero Friedrich no aceptaría seguir por el mismo camino que el resto de su familia, se alejaría tan radicalmente como le fuera posible durante toda su vida.

Hemos de decir que su abuelo, Friedrich August Ludwig Nietzsche, llegó a ocupar el puesto de superintendente en la iglesia protestante, y en el año 1796, escribió un libro titulado *Gamaliel (La eterna presencia del cristianismo)* y en 1804 escribió otra obra que llevaba el nombre de *Contribuciones a la ideología razonable sobre la religión, la educación, la obligación de los súbditos y la vida humana;* ¡que diferentes visiones sobre el mundo tendrían el abuelo y el nieto! Mientras que el primero juzgaba que aquello era un patrimonio invaluable, el nieto sólo quería destruir aquel esclavizante legado.

El abuelo había enviudado, por lo que contrajo matrimonio con una viuda muy joven y con ella tuvo tres hijos, dos mujeres que serían las tías de nuestro protagonista, y el último, Carl Ludwig sería ni más ni menos que su padre. Un golpe de suerte permitió que el filósofo viviera en una situación económica bastante desahogada, ya que uno de los hijos del primer matrimonio del abuelo se había marchado a Inglaterra y en ese país logró hacerse de una gran fortuna, lamentablemente no la pudo disfrutar, ya que la muerte lo sorprendió, pero antes de morir dejó en su testamento toda aquella riqueza para la familia, por lo que Nietzsche no sufrió de carencia alguna.

Carl Ludwig había nacido en 1813, y en su juventud se desempeñó como profesor particular de los hijos del duque de Altenburg, tiempo después y gracias a la intervención de Federico Guillermo IV de Prusia, logró ser nombrado pastor del pueblo de Röcken, cerca de Lützen, pero este cambio vino a poner en dificultades a su familia, ya que se trasladó a este pueblo en compañía de sus hermanas, ambas solteras, y mientras que una se hacía cargo del hogar la otra se dedicaba a la promoción de instituciones benéficas, por lo que su esposa se encontraba bastante inconforme con poner su hogar en manos de aquellas mujeres.

Carl se había casado en 1843 con la hija de un pastor protestante de Oehler, de apenas diecisiete años, y el 15 de octubre del año siguiente ya era padre por primera vez, había tenido un varón que fue bautizado con el nombre de Friedrich Wilhelm Nietzsche. Pero el recién nacido sería acompañado pronto por dos hermanos más, se llamarían Elizabeth, nacida en 1846, y Joseph, quien nació en 1848 pero moriría dos años más tarde y pocos meses después que su padre, quien después de una tremenda caída sufrió de una severa enfermedad cerebral, por lo que once meses después del desafortunado accidente, falleció.

Carl Ludwig Nietzsche fallecería después de una dura caída en la que sufrió un fuerte golpe en la cabeza.

Esto cambió por completo el entorno familiar de Friedrich, ya que todavía no había cumplido los cinco años de edad y su educación se volvió rígida y dominante, su madre y abuela eran sus protectoras, pero sus tías también influían en él, estaba creciendo rodeado absolutamente por mujeres; este dominio se refleja en la decisión de la abuela de abandonar Röcken y trasladarse a Naumburgo, un pequeño poblado en el que había vivido mucho antes de casarse y donde además ya tenía amistades, así que en 1850, en el mes de abril, la familia se mudó a dicha localidad.

La familia gozaba de cierto aire aristócrata, ya que solían contar la historia de que descendían de un conde polaco que desesperado por conservar sus creencias religiosas había tenido que huir y abandonar su patria; esta historia, aunque carente de fundamentos históricos, daba a la familia un realce por encima de su condición provinciana, además de que reforzaba su alegato con su refinado gusto por la música; Wilhelm componía e improvisaba al piano con notable maestría, mientras que su padre era un amante del teatro y solía promover algunas obras con actores aficionados.

LA ESCUELA

La niñez de Friedrich estuvo fuertemente marcada por la rebeldía, ya que estaba acostumbrado a un hogar amplio en el campo, así que al llegar a su nuevo hogar en Naumburgo, el cual era significativamente reducido, su actitud se tornó difícil, además, su abuela lo obligó a asistir a la escuela municipal. Su actitud para con todos los que le rodeaban era sumamente agresiva, sus compañeros de escuela no mostraban signos de amistad, de hecho lo rechazaban y relegaban cuando la hora de jugar se presentaba; la situación escolar no duró mucho, ya que lo cambiaron a una escuela privada donde preparaban a los alumnos para un instituto catedralicio.

En ese instituto logró establecer sus primeras amistades, se trataba de los hijos de abogados, Wilhelm Pinder y Gustav Krug, cuyos padres solían relacionarse en el círculo social del abuelo; los tres jóvenes terminaron su educación en el instituto e ingresaron en el colegio para el cual habían sido preparados, pero para Nietzsche este cambio resultó todavía más difícil, ya que las reglas era aún más rígidas y las obligaciones mucho más numerosas y difíciles.

La gran sensibilidad y talento de este joven comenzaron a aflorar en este periodo, además de que las exigencias en su hogar lo asfixiaban, es por eso que abandonando las actividades propias de un joven de su edad, se refugió en la literatura, dedicando gran parte de su tiempo a escribir, tarea que había comenzado desde antes de los diez años, por lo que ya tenía en su haber, un motete y cincuenta poemas, todos ellos enfocados a describir la belleza de la naturaleza y lo impresionante de las tormentas en el campo.

En el año 1858, Friedrich inició lo que sería una de las lecturas más apasionantes de la obra de este prolífico filósofo, se trata del diario que comenzó a escribir a la edad de catorce años, y en él describe su vida en el hogar con una agudeza que resalta la precocidad de su pensamiento, además de que sienta las bases en las que forjaría su constante autocrítica, la cual terminaría siendo el esqueleto sobre el cual se edificaría a sí mismo; en sus líneas critica los mismos poemas que había escrito cuatro años antes y pone de manifiesto su inquietud por lograr ir más allá de él mismo, romper sus barreras y límites.

Son la revelación de un joven aristócrata educado entre mujeres cándidas y con un sentido de la responsabilidad muy desarrollado para su edad, pero dentro de la dureza con la que se expresa de sí mismo, también podemos apreciar la enorme sensibilidad y su creciente necesidad de dejar huella por sus propios medios. Uno de los alicientes para el desarrollo de su sentir, fue sin duda la música, y gracias a su padre tuvo un contacto muy cercano con esta rama de las bellas artes, basando su formación musical en las obras de Mozart, Schubert, Bach, Beethoven, Haydn y Haendel entre otros, ya que estos compositores eran representativos de su periodo en Naumburgo.

Uno de sus pasatiempos favoritos era ir de vacaciones con sus abuelos a la localidad de Pobles, un lugar considerablemente menos urbanizado que Naumburgo, y eso era precisamente lo que le encantaba de dicho lugar, ya que podía recorrer las calles con ropas mucho más viejas y menos distinguidas, lo que le daba cierto aire de libertad. En sus paseos por las calles, sin nadie que lo molestara, el solitario joven iba adquiriendo una madurez que foguearía con su excelente conocimiento de la Biblia, y gracias a ella desarrolló un sentido de la piedad muy especial; en sus escritos comentaría que a la edad de doce años había logrado ver a Dios en toda su gloria.

Pero en realidad, a quien se le debe su iniciación en la literatura, es a los padres de sus amigos Gustav y Wilhelm, ya que gracias al padre del segundo, Nietzsche se familiarizó con Goethe, además por medio del consejero de éste, quien mantenía una estrecha amistad con el gran compositor Mendelssohn, logró codearse con los intelectuales de su época, por lo que sus conocimientos sobre literatura y música eran muy superiores a los de los demás muchachos de su edad.

A partir de la aparición de los jovencitos y la hermana de uno de ellos, de nombre Elizabeth, la juventud e infancia de Friedrich tomaron un curso más normal, él era quien asumía el rol de director de todos los juegos que desarrollaba con sus amigos; pero aun así, desde temprana edad, sus escritos reflejan la que sería la línea a seguir en el futuro: la conciencia del ser superior, la soledad, su habilidad para comunicarse y convertirse en líder de sus simpatizantes y todo aquello que más tarde se convertiría en el tema de *Así habló Zaratustra.*

La madre de Nietzsche lo había educado muy estrictamente, y ahora que se alejaba de ella podía saborear la libertad.

Durante su juventud, Nietzsche padecía frecuentemente de varias enfermedades, pero su gran fuerza de voluntad y determinación lo hacían salir rápidamente de todos sus padecimientos; ese mismo ánimo lo hizo popular entre sus compañeros y pronto le fue otorgada una beca para el prestigioso instituto de Schulpforta, por lo que con catorce años de edad, en octubre de 1858, dejó Naumburgo y se mudó a Pforta para poder continuar sus estudios; este cambio de residencia marca el fin de su infancia.

CAPÍTULO II

La llegada a Schulpforta

EL REGRESO A LA ESCUELA

El prestigioso instituto de Schulpforta se había instalado en la antigua abadía cisterciense de la localidad, la cual se hallaba en la periferia de Saale, cerca de su antigua ciudad, Naumburgo, dicha escuela tenía un alto prestigio gracias a sus estrictas reglas y el nivel de sus conocimientos. La finalidad de esta institución era la de formar en los individuos la personalidad y el carácter que los distinguiera de los demás y los hiciera personas reconocidas y de bien.

Los casi doscientos alumnos que asistían al plantel estaban sometidos a una férrea disciplina, un modo de vida difícil para el rebelde Friedrich; los métodos que utilizaba el personal eran sumamente severos, pero todo el profesorado era de una calidad innegable, ya que incluso había personalidades de renombre entre ellos. Al igual que en su anterior escuela, Friedrich tuvo serios problemas para adaptarse, a lo que se le sumaría la nostalgia que sentía por estar lejos de su familia y, sobre todo, por estar semirrecluido en un internado.

Es importante mencionar que Friedrich tenía dificultades para terminar trabajos largos y tediosos, por lo que sus maestros se dieron a la tarea de corregir este defecto en el jovencito. Nietzsche no hizo amistades durante sus primeros meses en el instituto, se sumergió en el estudio; pero durante las vacaciones regresaba a su casa y volvía a gozar de la libertad de su mente. Durante esos breves viajes, fundó junto con sus amigos un club literario, que por cierto además de él eran los únicos miembros, lo llamaron

"Germania". Los estatutos de dicho club comprometían a los miembros a presentar cada mes un trabajo que sería sometido a crítica.

Con grandes esfuerzos debido a las limitaciones de comunicación que sufrían, lograron suscribirse a una prestigiosa revista de música, esto ayudó a refinar aún más la educación musical del filósofo, además de que gracias a esta publicación, logró descubrir la música de Richard Wagner; era un refrescante cambio, ya que sólo había prestado atención a los clásicos y esta inyección de frescura se reflejó en su vida diaria; así que utilizando los remanentes de los fondos económicos de su club, los miembros lograron adquirir una partitura para piano de la obra *Tristán e Isolda.*

Una nueva amistad se presentaría en la vida de Friedrich, una amistad que lo acompañaría por muchos años y en muchas de las aventuras espirituales que emprendería, se trataba de Paul Deussen, con quien, en el año de 1861, recibiría la confirmación en la Pascua, esto sin duda tuvo un gran significado simbólico para Nietzsche, quien se sentiría unido más allá de lo físico con aquel nuevo amigo.

Tras la ceremonia, ambos muchachos se sintieron embargados por un sentimiento cristiano que se prolongó por varias semanas, pero comenzó a desvanecerse debido a la educación que estaba recibiendo en el instituto; había comenzado a cuestionarse sobre la fe que sus padres le habían inculcado, no fue un cambio de la noche a la mañana, ni fue el resultado de algún acontecimiento o influencia externa, sino un lento y dramático proceso de maduración provocado por el conocimiento que había ido acumulando en toda su vida; años más tarde se refirió a este proceso como una liberación tranquila e indolora.

Sin duda, la pérdida de la fe fue un suceso que marcó por el resto de su vida al filósofo y a su obra, así como el acontecimiento más importante de la juventud del mismo. Es durante este periodo cuando Nietzsche se refugia en el estudio de los clásicos de la literatura, haciendo su favorito al poeta alemán Johann Christian Friedrich Hölderlin (1770-1843), quien era casi un desconocido en su tiempo, y que fue descubierto por Friedrich cincuenta años antes que los alemanes. Nietzsche siente una afinidad casi sobrenatural con el poeta nacido en Tubinga, además de que sale a su defensa gracias a esta sublime empatía.

En el último curso que pasó en Schulpforta se dedicó a realizar un ensayo sobre Teognis de Mégara, el objetivo era establecer una completa identificación del autor y su obra, pero este trabajo le resultó tan apasionante que una vez que terminó el curso continuó con él; es importante mencionar que cuando finalizó su estancia en el instituto, Friedrich ya era un aventajado estudiante en todas las materias, pero sobresalía notoriamente en filología clásica.

Así lucía Nietzsche a su llegada a la institución de Schulpforta.

En octubre de 1864, Friedrich y su séquito formado por Deussen y otros compañeros del instituto, decidieron inscribirse en la prestigiosa Universidad de Bonn.

BONN Y LEIPZIG

Friedrich y sus amigos no habían escogido por azar aquella universidad, lo habían hecho por el enorme prestigio del cual gozaba aquella institución, sobre todo en el ámbito de la filología clásica en el cual tenía fama internacional. El departamento de dicha disciplina era dirigido por Otto Jahn y Wilhelm Ristchl, y de él habían egresado grandes investigadores. Nietzsche pasó dos semestres sin pena ni gloria, lo único rescatable fue su contacto con el mundo universitario, el cual resultaría vital durante muchos años de su vida.

La universidad era más que un simple centro de estudios, le significaba la libertad, ya que en Pforta estaba acostumbrado a un sofocante sistema educativo y ahora se sentía libre, como si lo hubieran sacado de un ataúd en el cual hubiera pasado varios años sepultado, ahora podía decidir por sí mismo cuales serían los estudios que tomaría; por supuesto que el trasfondo cultural que había recibido en su anterior escuela lo llevaba a seguir la filología, pero el arte le llamaba poderosamente, así que además de las materias que la filología imponía, Friedrich se inscribió en los cursos de Historia del Arte, Historia de la Iglesia, Teología y Política.

Nietzsche reconocía en su persona a un romántico, por lo que pensaba que era necesario adoptar una ciencia que exigiera reflexión y profundo uso de la lógica, lo cual pensó encontraría en la filología, pero esto fue un error, ya que con el tiempo la filología resultaría contraproducente. Friedrich estaba plenamente al tanto de su poca capacidad social, por lo que en un afán por saber más de las personas y su mundo, a los cuales sólo conocía por medio de los libros, se inscribió en una corporación de estudiantes llamada "Franconia".

Esto no era bien visto por su familia, así que escribió una carta en la que intentaba disculparse; por ese entonces, las asociaciones estudiantiles ya no tenían la finalidad política que en otro tiempo habían ostentado, ahora su fin era más bien social. Él mismo no estaba convencido de dar este paso, ya que las relaciones interpersonales de los miembros de dicha asociación eran más bien superficiales y en lugar de causarle algún tipo de interés le causaban repulsión, aunque al principio estaba muy entusiasmado con las fiestas y amistades, sobre todo femeninas, que allí lograra; también hizo sus primeros estudios sobre esgrima y llegó a participar en algún duelo, pero al año siguiente, con una carta llena de frases corteses les anunció su retiro de la asociación.

Friedrich siempre fue una persona con intereses muy fuera de lo común, especialmente con los de su edad y círculo social, sentía un especial desprecio por las actividades multitudinarias, nada podía hacer que estrechara vínculos con otras personas, ni siquiera la música había logrado estrechar su lazos con los demás; las reuniones con canciones y bebidas alcohólicas era un placer pasajero y por lo tanto fútil, pero en lo tocante a lo académico, la situación no era mejor, ya que la teología sólo acrecentaba sus dudas sobre el cristianismo.

Una lectura que lo marcaría de por vida fue, sin duda, *La vida de Jesús* de Strauss, ya que su influencia se había arrinconado en su mente, y cuando comenzaron las clases de teología salió de su escondite y comenzó a merodear la mente del joven, que comenzó a cuestionar a quienes escribieron el *Antiguo Testamento*, pero éste era el menor de sus problemas, ya que los directores de la facultad de filología, Jahn y Ritschl, habían alcanzado el punto más álgido de sus disputas y rivalidades, lo que impedía el sano desarrollo de sus estudios, por lo que decidió abandonar la Universidad de Bonn y trasladarse a Leipzig, además de que Ritschl le ofreció una cátedra en dicha universidad.

El vano intento de Friedrich de llevar la vida de un universitario normal en Bonn había sido un fracaso, sin embargo, Leipzig sería el catalizador de todas sus inquietudes y el lugar en el cual, por fin, llegaría a encontrar su propio estilo de vida. A su llegada, Nietzsche se recluyó en el estudio, y a pesar de su carácter reservado y vanidoso, pronto obtuvo un prestigio considerable como filólogo gracias a ciertos trabajos que dirigía el Prof. Ritschl.

Friedrich Nietzsche el mismo año de su ingreso en la Universidad.

Friedrich recibió el ofrecimiento de Ritschl de formar una asociación filológica, lo que entusiasmó sobremanera a éste, inmediatamente vinieron a su mente los recuerdos de su club "Germania". En 1866 se realizó una nueva edición de los poemas de Teognis de Mégara, por lo cual fue invitado a realizar una disertación en público, el éxito fue total, lo que lo motivó a mostrar a Ritschl su antiguo ensayo sobre el poeta; cuando el profesor lo leyó estalló en alabanzas para su protegido y lo conminó a pulir el manuscrito y publicarlo. Nietzsche comenzaba a gozar de un reducido círculo de seguidores.

Friedrich tuvo la fortuna de encontrarse con Ritschl, ya que éste lo hacía crear y superarse, había reconocido el talento del joven filólogo y él había aceptado su protección pues sabía de la fama de su maestro, además de que era una persona que reconocía y entendía el arte como pocos. Nietzsche participó en una nueva presentación pública, esta vez el tema era la catalogación de las obras de Aristóteles; Ritschl convenció a la universidad de realizar un concurso con este tema, y por supuesto, el ganador fue Friedrich Nietzsche.

Este premio le valió que se publicara su trabajo en *Rheinisches Museum,* con gran aceptación, por lo que a esta publicación le siguieron otros trabajos de Friedrich como su manuscrito sobre Mégara y otro sobre la Oda a Dánae; pronto su nombre comenzó a circular en los círculos intelectuales. En 1869, gracias a una recomendación de Ritschl, le ofrecieron una cátedra en Basilea, y aunque todavía no había acabado sus estudios, su nombre ya era reconocido y tenía una reputación intelectual.

Es importante resaltar la importancia que tuvieron Teognis de Mégara y Aristóteles en la vida de Friedrich, ya que durante el desarrollo de los estudios que realizó sobre éstos, despertaron su interés por la filosofía, llevándolo a tocar y resolver problemas filosóficos; pero la primera cita que tuvo con la filosofía se produjo en Leipzig, en donde comenzó la lectura de las obras de Arthur Schopenhauer. Pero aunque la filosofía había tendido sus redes sobre su interés, Ritschl lo conminó a terminar su carrera, y una vez que se recibió, se vio enfrascado en una carrera que sólo le satisfacía parcialmente.

Schopenhauer fue el detonante de todas las inquietudes de Nietzsche, fue la respuesta a todas sus interrogantes, dándole las herramientas para desarrollar su pensamiento en la dirección que siempre había deseado. Hasta ese momento, todavía no conocía a ninguno de los grandes filósofos, y la filología estaba cobrando venganza por haberla engañado con una nueva disciplina, había intentado utilizarla para esconder su romanticismo y Schopenhauer estaba logrando todo lo contrario.

Nietzsche relataba su encuentro con las obras de Schopenhauer como un acto casi sobrenatural, decía que cierto día, en la librería del viejo Rohn, encontró un libro, y una voz, casi susurrante, le dijo al oído: "Llévatelo a tu casa", y enconces, como si su vida fuera en ello, lo tomó y corrió hasta su hogar, se tiró en el sofá y comenzó a devorar las páginas, y cada una de ellas abría un nuevo panorama del mundo hasta entonces desconocido para él; comenzó a experimentar un cierto desprecio por sí mismo e incluso cayó en los castigos físicos contra su persona; es imposible saber que hubiera sucedido con él, de no haber aparecido Hedwig Raabe.

El solitario Friedrich había encontrado el amor, se trataba de una actriz que se había presentado en Leipzig en el verano de 1866, y de quien se había enamorado a primera vista. En el aspecto sentimental y las cosas del corazón, Nietzsche no tenía experiencia alguna, por lo que no pretendía entablar contacto directo con ella y sólo le profesaba un amor platónico; la única manera de manifestarle su sentir fue por medio de canciones a las que él puso música y se las envió junto con una dedicatoria plena de emoción.

La relación de Nietzsche con las mujeres siempre estuvo marcada por la timidez, por lo que sus relaciones estaban carentes de compromiso y entusiasmo. En su vida se presentó otro acontecimiento que lo marcaría hasta el final de sus días, nos referimos a la amistad que inició con Erwin Rohde, un joven apenas un año menor que él, nacido en Hamburgo, quien al igual que él, había asistido a la Universidad de Bonn y se hallaba en Leipzig siguiendo a Ritschl.

Rhode era un hombre de convicciones claras, que a diferencia de los demás, no rendía culto a Nietzsche, sino que se le enfrentaba como su igual, en sus conversaciones, que más bien parecían debates; se enfrascaban por horas, aislándose del mundo casi por completo, como si el universo lo formaran ellos dos. Al finalizar su instrucción en Leipzig, ambos amigos viajaron a Meiningen para asistir a un festival de Wagner, a quien Friedrich tuvo el placer de conocer en el otoño de 1868 en Leipzig.

El afortunado encuentro tuvo lugar en la casa del orientalista Hermann Brockhaus, quien estaba casado con una mujer de nombre Ottilie, y a quienes había conocido tiempo atrás y desde entonces era asiduo visitante de su casa, y fue allí donde una noche coincidió con él. Wagner era hermano de Ottilie y había ido a visitarla, Friedrich estaba sumamente emocionado, y el músico interpretó varias de sus obras para deleite de todos, acto seguido ambos sostuvieron una larga plática sobre Schopenhauer, lo que engrandeció la imagen que Nietzsche tenía sobre el músico, ya que era un gran conocedor de la obra de éste.

CAPÍTULO III

La gestación del genio

EL EJÉRCITO

Durante el periodo de Leipzig, hay una fuerte epidemia de cólera, y sus amigos Muschacke y Gersdorff se trasladan fuera, el primero a Berlín y el segundo a Nuremberg para hacer su servicio militar, por lo que sus lazos con Rohde se hacen más estrechos, pero la epidemia supone un gran conflicto para proseguir con sus estudios. En el otoño de 1867, Friedrich se alista para realizar su servicio militar, había solicitado un destacamento en Berlín pero al final fue destinado a un destacamento de artillería en Naumburgo, por lo que además pudo vivir en su casa.

Estaba sometido a un entrenamiento sumamente duro, el único descanso que tenía era cuando llegaba a su casa y se sumergía en sus libros y cartas, pero el martirio de la vida militar fue interrumpido por un accidente a caballo en el cual sufrió una terrible herida en el pecho. La curación resultó más lenta de lo que se esperaba y le fue concedida su baja del ejército por enfermedad y una licencia anticipada, la cual aprovechó para continuar en sus estudios de filología, por lo que a su regreso a Leipzig logró desempeñarse mejor como estudiante. En verdad no esperaba un futuro brillante y desahogado, tan sólo añoraba una carrera que le permitiera continuar con el estudio sin presión alguna.

Friedrich Nietzsche ataviado con su uniforme de artillería.

BASILEA

Sus esperanzas se vieron cumplidas con el ofrecimiento de Ritschl de aceptar un puesto de catedrático remanente de filología clásica en la Universidad de Basilea, lo cual vino a desvanecer las dudas que tenía sobre seguir sus esfuerzos en esta disciplina y por las cuales calificaba a sus maestros como "vividores de la filosofía". En una carta a Rohde le dice que son títeres del destino, pues unas semanas antes había pensado proponerle que abandonaran la filología y se dedicaran a estudiar química, y ahora la fortuna lo tentaba con una cátedra.

Pero la tentación fue demasiada y Nietzsche sucumbió, en enero de 1869 aceptó la cátedra y aunque aún no se había titulado, la Universidad de Leipzig, tomando en cuenta sus publicaciones, decidió otorgarle el nombramiento de doctor; lo habían exentado de presentar su último examen así como del engorroso procedimiento para acreditar a un titulado como catedrático de alguna universidad.

Es así como a la edad de veinticuatro años, Nietzsche termina la carrera y logra lo que muchos doctores no habían logrado en años de trabajo, un nombramiento como catedrático sin pasar por ningún proceso, por lo que al año siguiente, ya en Basilea, el nuevo catedrático ofrece su primera conferencia, esta vez el tema era Homero y la filología clásica, la cual fue recibida con gran aceptación

Su llegada a esta ciudad se produjo en excelentes condiciones, fue recibido con los brazos abiertos por sus colegas y familias importantes, era muy popular y solicitado, lo que le agradó al principio, ya que era invitado frecuentemente a fiestas y reuniones sociales llenas de exquisitez en su refinamiento que lo colmaban de atenciones; su agrado llegó al grado de ordenar que le enviaran un frac nuevo, pero esto no sería duradero, ya que como con anterioridad había sucedido, las fiestas y multitudes comenzaron a fastidiarlo.

Otra circunstancia que le aquejaba era su distante amistad con Rohde, a quien extrañaba más que a nadie, además de que sus dudas sobre la filología regresan a su mente causando un gran desasosiego. Su labor como maestro le causa una inquietud que lo atormenta, pues se siente inseguro, así que comienza a convencerse a sí mismo de que es un ser predestinado a ocupar un importante sitio en la historia. En una carta escrita a su entrañable amigo Rohde, le expresa las dudas que experimenta, confiesa que no ha hecho amistad con ninguno de sus colegas, además de que el título profesional le supone un gran peso y el mayor símbolo de su ignorancia.

Nietzsche estaba convencido de su calidad de marginado y elegido, pero la filología lo hacía sentir acorralado, por lo que le ofreció a su amigo que se trasladara a Basilea para que ocupara su cátedra y él pudiera aspirar a la cátedra de filosofía, pero éste se trasladó a Kiev y Friedrich tuvo que seguir atrapado en su cátedra de filología; pero este periodo no fue del todo negativo, ya que varios sucesos se presentaron en la vida del catedrático, como lo fue la aparición en la vida de éste del joven Franz Overbeck.

Overbeck había llegado como catedrático de Historia, y entablaron amistad en el año 1870. Juntos rentaron una residencia, pero además también conoció a Romundt, quien era catedrático remanente y admirador de Schopenhauer, esto significó un punto de partida importante en la naciente amistad, pero la amistad más significativa la entabló con Jacob Burckhardt, quien era mayor que él y eso le hacía sentir mucha consideración y respeto. Este nuevo amigo alcanzaría gran notoriedad con un ciclo de conferencias titulado "Reflexiones sobre Historia Universal".

Friedrich Nietzsche en el año 1868.

Friedrich sentía que la inteligencia de este hombre era sumamente excepcional, pero esta empatía se debía mayormente a que los dos eran personas de carácter muy parecido, huraños y poco sociables, pero lo que más los unía era su manera de ver la vida, la estética y su opinión sobre la antigüedad clásica, desarrollándose entre ellos una respetuosa y considerada amistad llena de admiración.

WAGNER

Durante este periodo Friedrich retomó la amistad con quien fuera su icono personal, se trataba de Richard Wagner, quien era treinta y un años mayor que él, este músico tenía su residencia en la ciudad de Tribschen, cerca de Lucerna, se había mudado a esta localidad huyendo de una mala situación económica y política. Friedrich fue invitado a la casa de Cosima von Bülow, quien era hija de Lizt y esposa de un director de orquesta amigo de Wagner, esta mujer contraería nupcias con el músico tiempo después.

Cosima von Bülow, quien era esposa de Richard Wagner.

Cuando estos dos personajes contrajeron matrimonio, tuvieron dos hijos, Eva y Sigfried; el matrimonio sentía un gran aprecio por el joven catedrático y éste trataba de complacerlos en todo lo que le era posible, por lo que pronto se convirtió en un visitante frecuente de esta casa y era recibido con muchas consideraciones, tan era así que tenía dos habitaciones a su disposición siempre que llegaba de visita. Nietzsche visitaba la casa frecuentemente debido a que la compañía del músico a quien tanto admiraba le resultaba sumamente agradable.

Friedrich sentía que Wagner era lo que Schopenhauer denominaba "el genio", a pesar de que era constantemente atacado por la prensa y los comentarios mordaces de sus detractores, por lo que en una carta recomendó a su amigo Rohde que no creyera ninguno de los rumores que de su ídolo corrían, decía que nadie podía juzgarlo ya que todos vivían con los pies en la tierra y el músico estaba fuera de ella. Sus ideales son tan sublimes y su humanidad tan conmovedora que Nietzsche se siente como entre dioses.

La amistad con el músico le produjo un sentimiento muy especial, por primera vez después de muchos años se sentía como en familia, pero este sentimiento nublaba su buen juicio y la perspectiva real de la personalidad de Wagner, quien en realidad era un tipo egoísta, dominante y sin escrúpulos. En su obra *Ecce Homo* hace mención sobre los días que pasó al lado del músico, dice que por nada del mundo cambiaría el recuerdo que tenía sobre esos días, y que no le importaba lo que los demás pensaran de él, ya que nunca hubo una desavenencia entre ellos.

El sentimiento de pertenecer a una familia terminó en abril de 1872, ya que Wagner se mudó a Bayreuth; había durado casi tres años, pero Friedrich viajó hasta ese lugar para asistir a la ceremonia de la colocación de la primera piedra del coliseo del festival. En general, aunque alejados, su relación seguía firme, pero tuvo que ser interrumpida cuando Nietzsche se enroló como enfermero en la guerra franco-prusiana; él había solicitado ser soldado, pero como vivía en Basilea, se había convertido en ciudadano suizo y las autoridades le negaron la participación como elemento activo, por lo que sólo pudo aspirar a ser enfermero voluntario, pero tuvo que dejar la guerra otra vez por enfermedad.

La disentería y difteria lo atacó cuando acompañaba a un transporte militar de heridos, nuevamente su recuperación fue lenta y regresó a Basilea replanteándose la razón por la cual había simpatizado con la causa prusiana y su supremacía; una vez en su hogar, regresó al trabajo y a sus clases, sus alumnos lo tenían en alta estima y sus colegas reconocían en él a un excelente maestro, así que en 1872 recibió una oferta para unirse al equipo docente en la Universidad de Greifswald, aumentándole el salario poco más de mil francos de lo que recibía en su actual trabajo, pero él lo rechazó, y la Universidad de Basilea le quedó muy agradecida por este gesto de lealtad.

La vida se había portado muy bien con Friedrich, tenía el reconocimiento de sus colegas y alumnos; sus teorías eran muy bien aceptadas y respetadas por el gremio; era catedrático desde hacía un año y tenía todo a su favor para lograr lo que siempre había deseado, pero estaba consciente de que esto sólo era pasajero, una parte de su proceso de autorrealización. Las obligaciones de una vida burguesa le permitían tener todo el tiempo libre que deseaba para dedicarse a la investigación y así crear las obras que dilucidaran la verdadera esencia del ser.

CAPÍTULO IV

Despierta el genio

SÓFOCLES Y LA TRAGEDIA GRIEGA

En el año 1871, en la ciudad de Basilea, Nietzsche comienza la publicación de sus obras por sus propios medios, la primera fue *Sófocles y la tragedia griega*, que un año más tarde y después de varias adiciones cambiaría su nombre a *El origen de la tragedia*; dos años después sería reeditada en una versión corregida y aumentada, y en 1886 se le añadiría un prólogo titulado "Ensayo de autocrítica".

Esta obra vino a revolucionar la filología clásica levantando un gran revuelo entre sus colegas, cuyas esperanzas añoraban algo más grande de lo que estaban presenciando, pero es de esta manera como el camino de Nietzsche en la filosofía da inicio. En el año 1886, su opinión sobre el libro es completamente diferente, piensa que es un libro aburrido, mal escrito y lleno de apasionadas y cursis frases. En su "Ensayo de autocrítica" da cuenta de la relación entre esta obra y su propia vida.

En esas líneas describe como mientras se hallaba en medio de la guerra franco-prusiana, escondido en un sitio de los Alpes, el atemorizado filólogo se planteaba sus ideas sobre los griegos como una forma de ausentarse de los horrores del campo de batalla, pero tras la enfermedad y mientras se firmaba la paz en Versalles, aún no encontraba la paz mental, debía encontrar las respuestas a sus inquietudes, ¿por qué la raza más bella y creativa, necesitaba tanto la tragedia y el arte? ¿Es la tragedia el símbolo inequívoco de la decadencia de su cultura? ¿Es la existencia tan vital y desbordante que se inclina hacia el pesimismo? Estas eran las preguntas que robaban el sueño y la tranquilidad de Nietzsche.

El tratado sobre la tragedia griega de Nietzsche tenía como finalidad el estudio de la gestación, nacimiento y desarrollo de la tragedia griega a partir del culto a Dionisios para poder establecer que la tragedia era el crisol de dos tipos diferentes de vida. Pero en ella existía un motivo oculto, quería trascender la obra de Richard Wagner, ya que consideraba que nadie mejor que el músico podría expresar la visión del futuro y de la vida en su máxima expresión. A Nietzsche se le debe que después de esta obra, a la concepción de la historia y la existencia se le denominara *Dionisiaca.*

Nietzsche establece en esta obra lo que serán las dos líneas de pensamiento que lo acompañarán por el resto de sus días, se trata de lo *Apolíneo* y lo *Dionisiaco,* las cuales forman las categorías básicas de toda su filosofía sin esquema alguno. Las bases de la teoría de Schopenhauer son el comienzo de Friedrich, en la cual el hombre es un artista completo gracias a la belleza de la creación del mundo de ensueño, la cual es la etapa previa a toda creación en el arte plástico:

> "La representación de la necesidad del ensueño de los griegos residía en Apolo, el Dios de cualquier forma creativa y al mismo tiempo el Dios de lo mágico. En su origen él es la luz divina y su reinado se extiende hasta la belleza interior de la fantasía. Él es la única máxima, la perfección que antagoniza a la realidad cotidiana que no podemos comprender, por lo que el ensueño y el sueño pertenecen al terreno de lo mágico y las artes en general, que hacen la vida posible y le dan sentido. Pero la imagen de Apolo conlleva también un límite que de ser rebasado produce un efecto patológico que deforma la realidad.

"Debido a su origen, su mirada debe ser resplandeciente como el Sol y aun cuando se encuentra encolerizado, la luz de la belleza lo abandona. Esto permite que se le aplique a Apolo lo que Schopenhauer dice cuando afirma que al igual que un marino que se encuentra sentado en su embarcación y se enfrenta a un mar iracundo, que en su rencor levanta y deja caer montañas de olas, confía en su delicada embarcación, de la misma manera el hombre individual permanece sereno, rodeado por un mundo de sufrimientos, aferrándose al *principium individuationis*.

"Esto reside en Apolo, quien es la máxima representación de este *principium*, el que debería ser calificado como el dios de individuación, el que con su mirada y gestos manifiesta la total alegría de la belleza y la apariencia".

La existencia de la bifurcación apolínea y dionisiaca deriva de una expresión artística en la cual no interviene el artista humano, estas fuerzas provienen de la misma naturaleza, es decir que en ella no intervienen fuerzas irracionales, inexplicables o injustificables. Lo apolíneo encarna la belleza, mientras que lo dionisiaco no crea por sí mismo la belleza, sino bajo el impulso irresistible que busca representarse, esto constituye en sí el motor creativo.

La existencia de estos principios, según Nietzsche, estaba plenamente establecida en la cultura griega, pero después de mucho tiempo se unieron y dieron origen a la tragedia ática. Pero en el caso dionisiaco, el arte helénico relacionó formas apolíneas y así sacó al éxtasis dionisiaco de su decaimiento. La tragedia griega tuvo, según la teoría de Nietzsche, su origen en los coros dionisiacos, así que la música es el origen del *mitos* clásico; cuando éste es representado en el teatro, se transforma en un juego trágico.

Es en este punto que la tragedia ática llega a su máxima expresión, pero así también aparece su principal enemigo, el que terminaría por aniquilarla, se trata del espíritu crítico del racionalismo filosófico, que fue incapaz de manejar el sentimiento de horror y misterio de la tragedia, por lo que la atacaba constantemente hasta causar su desaparición. El resurgimiento de la tragedia a manos de Eurípides ya no es puro, ahora ha sido manipulada y sobre ella cae el recuerdo de Sócrates, que bajo su manto de análisis y metodología, constituye en sí a los enemigos mortales de la cultura.

Según Nietzsche, la tragedia no tuvo el mismo final que las demás, es decir que ésta se autodestruyó, mientras que los demás géneros tuvieron un desenlace más tranquilo a una edad avanzada, y cuando esto sucede, los agonizantes géneros miran con ojos emocionados a su descendencia mientras que la vida se escapa de ellos; en el caso de la tragedia griega, esto no fue así, se extinguió y en su lugar quedó un vacío profundamente sentido. En la boca de Eurípides llegaron las palabras que hicieron caer a Dionisios, quien desaparecería de la escena artística griega, pero Eurípides no era sino una fachada para un demonio que había llegado a destruir este género, ese demonio se llamaba Sócrates.

El gran filósofo griego Sócrates era para Nietzsche el culpable del estado general de la tragedia griega y su desaparición.

Friedrich tenía la esperanza de que el daño causado por Sócrates en la cultura occidental fuera redimido por la música de Wagner, tenía la esperanza de que el genio del músico lograra reavivar el *mitos* clásico al disolver el ego intelectual, la estrechez de visión y las limitaciones del cristianismo, y de esta manera llevar al hombre a una existencia nueva y plena. Es en el capítulo 24 de su obra en el que por primer vez dirige sus ataques a los sacerdotes de la iglesia cristiana, llamándolos "duendes malignos", y termina diciendo que la iglesia es una creación del espíritu socrático.

A un hombre como Schopenhauer la compasión de los cristianos lo lleva a tomar conciencia de su teoría de la renuncia, pero en Friedrich este sentimiento le brinda alegría al poder apreciar esos sentimientos primitivos que lo llevan hasta el éxtasis dionisiaco, hacia el terreno fértil de lo creativo. Para él, el mundo sólo puede ser apreciado desde la estética, ya que carece de justificación moral, y todo esto representa la extensión del poderío total de Dionisios; es en este momento cuando la hermandad entre la música de Wagner y las teorías filosóficas de Nietzsche se consuma y se torna la misma cosa.

SU DERROTA

La aparición del libro de Nietzsche en el ámbito intelectual causó revuelo, el primero en felicitarlo fue su amigo Wagner, quien afirmó que nunca había leído algo tan bello, incluso su esposa Cosima le diría que en su libro había reunido esencias que sólo Schopenhauer podría reunir; a estas felicitaciones le siguieron las de Rohde, Von Gersdoff, Burckhardt y Overbeck quienes también se deshicieron en elogios para el filósofo; pero no todo sería alegría, ya que los colegas de éste pensaban que era una pérdida de tiempo y un desperdicio de papel; habían tomado aquella obra como un ataque directo a sus personas e intelectos.

Nietzsche tomaría conciencia de esta situación e interpretaría el silencio que de ellos había recibido como un malentendido, por lo que escribió una carta a Ritschl el 30 de enero con la finalidad de terminar con aquel silencio que lo estaba sacando de sus cabales:

> "Estimado señor consejero privado: espero no causar su enojo al decirle con franqueza que estoy asombrado de no haber recibido noticia alguna de su parte sobre el libro que publiqué, especialmente porque se trata de un manifiesto y eso provoca cualquier cosa menos silencio. Posiblemente, respetable maestro, usted será el que esté azorado, pues yo esperaba que en este libro encontraría algo prometedor para el espíritu alemán, para el conocimiento que poseemos de la antigüedad, sin importar que algunos murieran para ello".

Pero Ritschl ya había leído el libro y un mes antes había escrito en su diario que aquella obra era igual a una vulgaridad; por otro lado, Rohde había escrito una reseña de la obra que la *Litterarische Centerblatt* rehusó publicar, pero las consecuencias de aquel libro continuarían y el joven filósofo Ulrich von Williamowitz-Mollendorff publicó un polémico panfleto de treinta y dos páginas que había titulado *Filosofía del futuro,* y que era una réplica al libro de Nietzsche, en el cual defendía a la ciencia antigua que su colega había tratado con tanto desprecio:

> "Humildemente opino que el fin de la vida es la evolución sistemática del mundo, y agradezco a los grandes pensamientos que han logrado descifrar los misterios de éste haciendo posible un progreso acompasado. En mis intentos por aproximarme a la hermosa iluminación que el arte ofrece de distintas maneras, por lo que en la ciencia consagro mis esfuerzos e intento alcanzar a aquellos

que lograron la libertad de mi pensamiento gracias a una rendición voluntaria de mi persona, y esta obra (la de Nietzsche) niega la evolución de cientos de años y extermina los logros de la filosofía y la religión para abandonarse a la desesperanza que nos reclama desde el vacío; este manifiesto destroza la poesía y el arte que nos rodea para abandonarse a la adoración de un ídolo de barro: Richard Wagner".

Estas palabras eran una daga lanzada directamente al corazón filosófico de Nietzsche, pero no sólo atacaba su libro sino también sus teorías filosóficas; alegando que era un ignorante y desconocía los avances de las investigaciones de su profesión, había ignorado el trabajo de grandes filósofos como Hermann, Lachmann o Winckelmann, confundiendo información y situando erróneamente la información posthomérica en la etapa prehomérica.

El Prof. Ritschl, quien antes fuera su protector, ahora le volvía la espalda.

Los ataques dieron en el blanco y Friedrich asumió los hechos como una derrota, incluso Rohde le había aconsejado que no hiciera caso del panfleto y conservara su dignidad, así como tampoco sirvió la carta que Wagner enviara y publicara en el *Nrord-desustche Allgemeine Zeitung*, y en la cual defendía a su amigo a capa y espada; pero al fin de cuentas, el músico no tenía ninguna autoridad como científico, por lo que sus esfuerzos carecían de validez; el mismo Rohde escribió un ensayo que era una réplica al trabajo de Williamowitz, el cual tituló *Seudofilología* y apareció en octubre de 1872, a este trabajo le siguieron innumerables ataques frontales de Rohde a Williamowitz, en ellos lo acusaba de ignorante y falso, le reprochaba su falta de respeto y poca visión para poder comprender los propósitos de Friedrich, pero éste le contestó diciendo que sus ataques sólo le daban la razón, y su trabajo era la prueba de su estrecha amistad con Nietzsche.

Esta derrota tuvo graves repercusiones, los especialistas se olvidaban de su trabajo y tomaban en cuenta el de Williamowitz, además, sus alumnos se habían retirado de las aulas durante el semestre de 1872-73, además su reputación como filólogo había sido pisoteada y exterminada de un plumazo; ¡qué sabia es aquella frase que dice que la pluma es más poderosa que la espada! Su ánimo tocó fondo cuando ofreció una plática sobre retórica griega y romana, y tan sólo asistieron dos personas, un jurista y un germanista.

Los estudiantes regresaron al poco tiempo, pero su prestigio y fama como científico se habían ido para siempre, nunca pudo recuperarlos, él mismo lo confesaría diez años más tarde cuando escribiera *Zaratustra ya no es un sabio.*

EL PRELUDIO A LA CAÍDA

Antes de que la lluvia de calamidades se desatara sobre la obra de Nietzsche, él ya había alcanzado el punto álgido de sus actividades; en 1872, fue invitado por la Asociación de Académicos para dar cinco conferencias acerca del futuro de los centros docentes; en esas pláticas existen condiciones que es importante resaltar, la primera es la modificación de su estilo, pues si bien en su libro había hecho suyo un estilo oscuro, en sus conferencias se presenta con un estilo platónico.

La plática adoptó la forma de una escueta trama en la que un filósofo (Schopenhauer) charla con otro más joven; sentados en una banca de la calle Roland a las orillas del río Rin esperan a otro aún más importante, mientras se acercan a ellos dos jóvenes que asistían a la celebración de una sociedad de la que no se da a conocer el nombre pero que se puede asumir se trata de "Germania"; uno de los jóvenes parece ser el mismo Nietzsche, mientras que el otro es una mezcla de sus amigos Rohde, Pinder, Deussen y Krug. La charla es en relación a la cultura, pero en realidad es un ataque a los institutos y universidades alemanas.

Es muy probable que Nietzsche hubiera escogido esta forma de expresión para poder escudarse detrás de la autoridad de un filósofo de mayor edad, para que sus colegas no se sintieran ofendidos por el joven catedrático, ya que aunque contaba con veintisiete años en ese momento, todavía seguía siendo un muchacho comparado con los demás a quienes estaba llamando arrogantes y pedantes; pero lo más importante de estas pláticas es que marcan la primera vez que Friedrich hace una crítica pública de la cultura alemana y presenta un esquema que lo coloca como un precursor del nacionalismo que en nuestros días es recordado con horror y desprecio gracias a los nazis.

En cuanto a la forma literaria de las pláticas no existe mucho que rescatar, acaso lo único es la lista de personas e instituciones a los que alude en ella, por ejemplo: el filósofo viejo es sin duda Schopenhauer, sus amigos, él mismo, y la institución a la que destrozó en su diálogo es Schulpforta, y la situación geográfica en la que se desarrolla se refiere a Bonn, la ciudad en la que se sintió tan infeliz; la plática es un reflejo de sus propias experiencias recopiladas en los años recientes de su vida.

Su conferencia es un paso más allá de su libro; a diferencia de éste en el que ataca directamente a Sócrates y al racionalismo, en ella ataca a las instituciones por mostrar los síntomas inequívocos del espíritu del racionalismo, la rigidez científica y la especialización consecuente, pero aún más, al igual que Hitler años más tarde, Nietzsche reconoce y repudia al periodismo como una creciente forma de comunicación de la sociedad industrial.

Friedrich pensaba que la especialización que la ciencia conlleva llegaría a impedir la comunicación entre las diferentes ramas de la misma, restringiéndolas a terrenos cercados de la particularidad, lo cual resultó una especie de premención al cumplirse años más tarde, cuando se discute la excesiva manipulación de la cultura que termina siendo una sombra del conocimientos sin orden alguno; pero lo más significativo es su percepción del espíritu alemán, que llenaría de nuevos bríos al apagado y avejentado ánimo de ese país, y con el tiempo se convertiría en el arma ideológica perfecta del que sería uno de los hombres más terribles de la historia mundial.

Su teoría planteaba la posibilidad de que la cultura alemana pudiera abandonar la barbarie dominada por el espíritu socrático para alcanzar una nueva visión en lo dionisiaco, pero la segunda conferencia que brindó, plantea la urgencia de tomar un papel más activo para terminar con la pobreza cultural. En ella ataca a Hegel y pugna por evitar la manipulación del estado en el fomento a la cultura, porque piensa que se manosea demasiado a la misma y aplica una forma de control sobre ella. Estos velados ataques al estado alemán-prusiano son permitidos por el distanciamiento del filósofo con el mismo, y repudia el papel de éste como mecenas cultural y desoye los intentos de Jünger, Spengler y George de clamar por una sociedad pluralista.

Los planteamientos de Nietzsche carecen de la idea de un pueblo, que de seguir sus lineamientos entraría en conflicto con el estado y la cultura, pero es notorio un cambio en su planteamientos, que ahora han dejado de manifestarse en el plano de la estética para tomar un rol más activo y actual, el hombre historia enfrenta al artista ilustre, en este desarrollo se puede advertir la influencia de Burckhardt, a quien Friedrich había visto en varias conferencias sobre "La grandeza histórica" y se había acercado a él para entablar largas discusiones sobre ese tópico, en ellas había discutido su planteamiento del espíritu alemán, el cual Burckhardt consideró que resultaba un tanto ingenuo.

Retomando el orden cronológico de nuestra historia, Nietzsche había sufrido los embates de la crítica que había destrozado su reputación y credibilidad, por lo que éste decide presentar varias pláticas sobre los filósofos que antecedieron a Platón, las mismas que recibieron una muy tímida acogida, teniendo como promedio un *quorum* de 10 personas en promedio. En sus primeros días como filósofo, Friedrich dedica sus esfuerzos al estudio de Tales, Heráclito, Parménides, Empédocles, Anaximandro, Anáxagoras y Demócrito, colocándolos en un panorama ahistórico y en una especie de reunión de pensadores de espíritu casto; llegó a decir que mientras otros pueblos tienen santos, los griegos tienen a sus sabios.

Friedrich tiene la idea de que el estudio de los textos presocráticos da una idea mucho más clara del helenismo que la historia, pero esta apreciación es claramente engañosa, ya que de los textos presocráticos sólo existen fragmentos; la única obra que se puede considerar amplia es *El poema didáctico sobre la Naturaleza* que tiene trescientos cincuenta versos, pero cuando estaba completo tendría aproximadamente dos mil, esto no quiere decir que los fragmentos que conocemos carezcan de validez y que lo que conocemos son meras especulaciones, sino que la filología ha resultado un valioso aporte histórico, y la teoría de Nietzsche no es del todo correcta.

Pero en este sentido, las creencias y afirmaciones de Nietzsche fueron malinterpretadas, ya que su intención no era replantear y reconstruir a detalle el pensamiento de aquellos filósofos, sino utilizarlos de plataforma para cimentar sus propias creencias, lo cual es válido, sobre todo para Friedrich, quien pensaba que la filosofía era una ciencia no comprobable, aunque el método científico no era para él sino una arrogante llave para entrar a un club. Según sus propias palabras, la filosofía es subjetiva en cuanto al concepto del mundo se refiere, ya que sus deducciones están basadas en el uso de la razón.

Esto derivó en la publicación de un ensayo en el año 1873, el cual tituló *Ensayo sobre la verdad y la mentira en sentido extramoral*, y en él plantea una nueva interrogante sobre su pensamiento:

> "Entonces, ¿qué es la verdad? Una hueste de metáforas y antropomorfismos; una suma de relaciones humanas ornamentadas con la poesía, y que debido al uso prolongado se muestran al resto del pueblo como indelebles y obligatorias; la verdad es una ilusión que olvidó que era una metáfora que ha dejado de serlo, monedas que han quedado sin valor y dejan de ser consideradas como tales, y ahora son sólo metal".

En estas páginas el filósofo establece las bases que hasta nuestros días significan el enfoque decisivo sobre el conocimiento por parte de la sociología y filosofía, pero a la vez percibe la verdad como una ilusión y como una mentira inevitable, negándose la posibilidad a sí mismo de obtener una verdad. Esta forma de pensamiento se debe a su claro subjetivismo ideológico, el cual fue adoptado por los filósofos que posteriormente hacen referencia a él, pero sin tener idea de las severas consecuencias de esto, tal vez debido a las dudas que planteaba el progreso científico durante el siglo XIX, ocasionado por el enraizado racionalismo disfrazado de un optimismo ineludible.

Pero Nietzsche no tenía ninguna intención de adoptar las tendencias filosóficas de su época, el hombre era un innovador, que apenas comenzaba a develar los misterios de su pensamiento y creencias, pero es durante esta etapa en la que recibió el golpe fatal a su reputación y orgullo, golpe del que nunca se recuperó totalmente; en sus obras posteriores se puede percibir cierto dejo de amargura por este motivo, pero a su vez, este revés de la vida lo llevó a impulsar a su mente más allá de sus propios límites, creando una obra que pocos comprenderían en su propio tiempo.

CAPÍTULO V

Bayreuth

1872: UN AÑO DE TRANSICIÓN

El año 1872 no tiene ninguna importancia en cuanto a sucesos extraordinarios o revelaciones se refiere, es más bien un año de transición, en este año su mente lo lleva a experimentar la filosofía con una energía que no estaba preparado para invertir, además una serie de circunstancias lo llevan a quebrantar su salud, y a partir del año siguiente, Friedrich siempre estará acosado por alguna enfermedad. Hasta este año, sus migrañas han sido tolerables, así como las molestias estomacales provocadas por la disentería que lo atacó en aquel transporte de heridos permanecen bajo control.

1872 es también el año de su encumbramiento y caída como catedrático; otro incidente que le aquejó fue la partida de los Wagner hacia Bayreuth, por lo que el círculo de comodidad en el que había estado seguro por algún tiempo, se esfumó dejándole el tiempo libre que ocupó para vagabundear como si se tratara de algún espectro que intenta recuperar la paz de su alma. Esto supone la causa de considerar la idea de viajar hasta esa ciudad abandonando la cátedra para dar conferencias.

En pascua viaja al Lago Ginebra para reunirse con su amigo Pinder y con Immermann, quien era un médico de Basilea, en ese lugar es asaltado por la inspiración y escribe *La meditación de Manfred*. En los últimos días de abril viaja por última vez a Tribschen para ayudar a la esposa de su ídolo, Wagner, a empacar lo que le falta para emprender su viaje. En verano ofrece las dos pláticas mencionadas en capítulos anteriores sobre los presocráticos y acude a la conferencia de Burckhardt, y de allí viaja a Bayreuth para asistir a la colocación de la primera piedra del coliseo del festival y esa misma noche acude al concierto donde se interpreta la Novena Sinfonía de Beethoven al que también acude su amigo Rohde.

Esta ciudad le permite conocer a Malwida Meysenbug, que en 1876 le brindará su hospitalidad en Sorrento, justo cuando se lleve a cabo su último encuentro con Richard Wagner. A finales del mes de junio, Friedrich es acompañado por von Gersdorff y Meysenbug a escuchar la interpretación Bülow sobre el *Tristán,* esto lo conmovió profundamente y le escribió una carta alabándolo por la perfección de la interpretación y a la vez le envió una copia de su manuscrito *La meditación de Manfred,* pero éste la recibe con una dura crítica, a lo que Nietzsche responde con una carta pletórica de agradecimiento; sin duda, las anteriores humillaciones que había recibido le habían templado el carácter para estos asuntos.

Malwida Meysenbug llegaría a ser una entrañable amiga del filósofo.

En julio, ya de regreso en Basilea, recibe a su amigo Deussen y en agosto a Meysenbug; para el mes de octubre había planeado un viaje por Italia, pero éste se viene abajo y desde Bérgamo regresa lleno de un sentimiento de repulsión por aquel país. En noviembre viaja a Estrasburgo para reunirse con los Wagner y en diciembre se traslada a Naumburgo para pasar la navidad al lado de su madre y hermana, así como de su amigo Krug. Ese mismo mes viaja a Weimar para asistir al estreno de *Loghengrin* y realiza una visita a su antiguo mecenas Ritschl en Leipzig. Toda esta actividad y ajetreo comienza a desgastar su estado físico y se comienza a presentar una afección nerviosa causada por la crítica de sus colegas a su libro.

Es posible, entonces, darnos cuenta del ritmo de vida y predilecciones del filósofo, a quien le encantaba viajar y errar por el país visitando a sus contados amigos, además de su devoción por el trabajo y pesquisas intelectuales, pero contrario a lo que se pudiera pensar, Nietzsche no era un investigador dedicado e incansable, sino más bien un espíritu indomable e inquieto. Durante los años posteriores, Friedrich deja de ser un filólogo y se convierte en un crítico de su época, es innegable que esta tarea siempre le resultó tentadora. Estas críticas estaban inspiradas en lo que él denominaría "El espíritu alemán" y que se manifestaba claramente desde la obra de Bach hasta Wagner.

En 1872 había dedicado sus esfuerzos a los estudios relacionados con su carrera profesional, pero eso estaba por cambiar, ya que es en ese año cuando decide intentar por otro sendero, lo cual se pudo haber debido a su débil estado de salud, y desde entonces las enfermedades lo acompañarían en todas sus actividades y vida diaria. Entre 1873 y 1876, escribió sus *Consideraciones inactuales,* obra que se dividió en cuatro escritos y que fue publicada una parte tras la otra, que en verdad, no son de lo mejor que había realizado, es en ese tiempo que su relación con Wagner sufre grandes cambios que terminarían por ocasionar la conclusión de ésta.

Richard Wagner.

La primera parte de esta reciente obra se titula *Strauss, creyente y escritor*, y dice:

"En Alemania, se reprime cualquier esfuerzo por hablar sobre las negativas consecuencias de la guerra, sobre todo de aquella cuyo final ha sido la victoria, sin embargo se le presta toda la atención a los escritores que llenan de elogios a la opinión pública y que se enfrentan por ver quién es el que logra cantar más alabanzas de guerra y quién es el que logra más impacto en la moralidad, cultura y arte.

"A pesar de todo, debemos alertar que no hay peligro más grande que la victoria, porque la naturaleza humana resiste más la derrota que a ésta, ya que es más fácil obtener la victoria que asimilarla sin que esto no resulte una terrible derrota. De todas las perjudiciales derivaciones de la última guerra con Francia, tal vez la más dañina sea la creencia que nos dice que la cultura alemana también resultó vencedora y que debería ser festejada y galardonada como la ocasión lo merece. Esta enajenación resulta severamente dañina debido a su habilidad de transmutar nuestra victoria en una rotunda derrota que conlleva al exterminio del espíritu alemán tras el estandarte del Imperio alemán".

Estas proclamas dan fundamento a la faceta de Friedrich como un pensador político, aunque sus motivos carezcan de importancia, pero debemos comentar que la inspiración la recibió del pastor protestante David Strauss, quien entabló una intensa lucha en defensa de sus convicciones acerca de la fe cristiana. Este pastor escribió su obra, *La vida de Jesús*, cuando contaba con veintisiete años de edad, y con ella levantó una gran polémica aunque algún tiempo después dejó temporalmente la teología, pero a su regreso presentó una nueva versión de esa obra, la cual tituló *La vida de Jesús adaptada para el pueblo alemán*.

La aparición de esta nueva obra fue un motivo de gran revuelo en la mente de Friedrich, sobre todo la crítica destructiva del pastor hacia el cristianismo; pero no era una crítica llena de dolo, sino que sus ataque se debían a que el cristianismo ofrecía una religión de repuesto. Las conjeturas de éste era muy distintas a las de Nietzsche, ya que Strauss pensaba que el mundo era bueno y lógico, y esto causaba una gran molestia en el filósofo, por lo que cuando se enteró de que el pastor sentía un gran desprecio por Wagner montó en cólera.

Nietzsche escribió sus pequeñas obras llamadas *Consideraciones inactuales*, en la que la primera es una réplica a la confianza desmedida del progreso de su época y en realidad no tiene mayor trascendencia en la historia filosófica; la segunda fue titulada *Sobre las ventajas e inconvenientes de la historia,* en ella ataca a Hegel y von Hartmann, pero es mucho más concreto en su detracción a Strauss. Nietzsche logra dividir la historia en tres clases a las que llama épica, anticuaría y crítica; todas ellas tienen sus pros y contras.

La historia épica es motivante e inspiradora, pero ya que es acerca de héroes y proezas su mensaje sólo llega a los poseedores de un gran poder o a aquel que aspira a ser grande.

La historia anticuaría contempla al pasado con una veneración casi religiosa que puede llegar a desatar cierto rencor hacia la vida misma, pues la historia no puede permanecer en un estado de contemplación del pasado sino descomponerlo para analizar cada parte de él, pues en eso reside su utilidad crítica, ya que todo lo que inicia debe terminar en algún momento.

La historia crítica posee una debilidad, ya que el hombre en el transcurso de su historia acumula pasiones, locuras, errores y delitos, por lo que lograr eliminarlos para conseguir su liberación de este vínculo es prácticamente imposible.

El pensamiento acelerado de Nietzsche comienza a trabajar para lograr encontrar la respuesta a este dilema, y cuando por fin lo logra, hace una recomendación a una generación futura, la cual constituirá una élite a la que dice:

"¡Denme vida y así yo les daré cultura! Ése es el llamado de cada uno de los individuos de esta nueva generación y gracias a él lograrán reconocerse entre sí, ¿pero quién les dará la vida?

"No es Dios ni el hombre sino su propia juventud, si la logran liberar habrán liberado la vida; una vida que permanecía agazapada, apresada, pero de cierta manera decadente o muerta. ¡Interróguense a sí mismos!

"No obstante, esta vida encadenada está enferma y debe ser sanada. Sus enfermedades son muchas, aunadas al recuerdo de sus cadenas; padece —y ese es el punto que nos atañe— la enfermedad de la historia. La plétora de historia ha paralizado la flexibilidad de la vida, ya que no ha aprendido a alimentarse del pasado para recobrar su fuerza.

"Terrible es el mal que la consume, y aun así, si la juventud no poseyera la visión de la naturaleza, nadie hubiera podido percatarse de que esto era un mal y ha abandonado el edén de la salud, pero la misma juventud tiene el don de visión natural acerca de cómo recobrar ese edén. Así es, la juventud conoce las pociones y medicamentos para aliviar la enfermedad de la historia, para combatir el abuso de lo histórico; pero, ¿cuál es su nombre?

"Que no causen sorpresa sus nombres porque son nombres de venenos; los antídotos contra lo histórico son lo ahistórico y lo suprahistórico".

Según Nietzsche, lo ahistórico es la capacidad de olvidar, mientras que lo suprahistórico es la contemplación de lo eterno, arte y religión; pero esta solución tiene el inconveniente de ser vaga y confusa; su protesta contra la educación histórica del ser humano y contra la imposición que se hace al hombre de analizar todo bajo un patrón histórico está bien estructurada, pero la solución a esto es sencillamente irrealizable. En la tercera de sus *Consideraciones inactuales* propone como líder a una personalidad definida y de carácter, y en 1874, llama a Schopenhauer "preceptor"; es en ese escrito en el cual se confiesa su admirador y educando, aunque estaba por producirse la separación de la filosofía de éste.

Para Nietzsche, el encanto de Schopenhauer residía principalmente en que su sinceridad, gozo y tesón lo definían, y esto es lo que antepone a Strauss, la tranquilidad de un hombre que en mitad de la locura del mundo había logrado

Arthur Schopenhauer era el ídolo de Nietzsche y su inspiración.

encontrarse a sí mismo, y estas características eran las mismas que Friedrich no tenía, por lo que Schopenhauer alcanzaba los más altos niveles de idolatría en sus escritos; retomando el tema de la historia, Nietzsche confirma su simpatía por la visión heroica de la historia al afirmar que el hombre heroico contempla con desgano su bienestar y malestar, virtudes y vicios, no espera retribución alguna por ello y anhela analizarlos hasta llegar al límite de la desesperanza.

Sin embargo, Nietzsche tenía la vana esperanza de que todo aquel que acosa la hipocresía y sigue el rastro de la mentira, al final encontrará el alivio de una experiencia trascendental positiva; sus analistas coinciden en afirmar que es en este punto donde se refleja en su pensamiento la influencia de las ideas de Jaspers o Kierkegaard en la *Experiencia existencial,* pero debemos tomar en cuenta que el pensamiento de Nietzsche siempre se mantiene por derroteros muy particulares y que al final encontrará, como él dice, una experiencia trascendental positiva en sus luchas internas y aconteceres mentales.

EL ROMPIMIENTO WAGNERIANO

Nietzsche ha cambiado dramáticamente y así lo demuestra en la cuarta parte de sus escritos *Consideraciones inactuales,* la cual ha titulado *Richard Wagner en Bayreuth,* en donde pone de manifiesto otro punto de vista mucho más analítico sobre el músico y su obra, lo cual se debió a que tras haberse alejado de él al marcharse a Bayreuth, la distancia enfrió la relación provocando una transformación más ecuánime de su pensamiento, esto se puede percibir en los sucesos que prosiguieron al cambio de residencia de Wagner.

Como ya lo comentamos, Friedrich viajó a Bayreuth para presenciar la colocación de la primera piedra del teatro del festival de dicha localidad, y en otoño viajó a Estrasburgo para reunirse con el músico y su esposa, pero al llegar las fiestas de navidad, éste lo invitó a pasar ese tiempo con ellos, cosa que Nietzsche rechazó no sin antes causar la molestia de su anfitrión. La reacción del músico molestaría a Friedrich, quien en un intento por suavizar la tensa situación entre ellos, viaja en compañía de su amigo Rohde a la residencia del matrimonio, tan sólo para percatarse de que la familiaridad de otros tiempos ahora no era sino un recuerdo.

A su llegada a la casa del músico, Nietzsche tenía la intención de conversar acerca de una nueva obra que estaba por publicar, se trataba de *La filosofía en la época trágica de los griegos,* pero Wagner tenía la mente en otro lado, estaba sumamente preocupado por sus problemas, la falta de dinero para poder terminar el teatro de Bayreuth y la indiferencia del público por su persona, así que sus pláticas tocaron cualquier tema menos el que Nietzsche deseaba, lo cual lo decepcionó, estaba conociendo al verdadero Wagner; había desaparecido aquel hombre rodeado de un halo de cultura que se interesaba y preocupaba por las inquietudes espirituales de Friedrich.

Por fin Wagner mostraba su verdadera personalidad, aquel hombre egoísta estaba decidido a terminar con lo que él consideraba el motivo de su existencia, este repentino cambio logró desconcertar a Friedrich, quien escribió una carta el 18 de abril de 1878 dirigida al músico, la cual decía:

> "Venerable maestro: el recuerdo de los días que pasé en Bayreuth me ronda frecuentemente, así como todo lo que viví y aprendí en ese tiempo tan corto me agobia cada vez más. Entiendo que mi estancia en su hogar no le fuera del todo agradable, pero esto ya resulta inevitable. He de reconocer que tardo para poder darme cuenta de las cosas; ahora, en mis recuerdos, sensaciones y pensamientos nuevos se asoman en mi vida, los cuales deseo perpetuar con fuego en mi memoria. Estoy perfectamente consciente, queridísimo maestro, que un visitante como yo no ha de ser de su completo agrado, e incluso debe resultar intolerable en algunas ocasiones.
>
> "Frecuentemente me decía a mi persona que gozaba de libertad e independencia, por lo menos en apariencia, pero en vano. Aun así, le suplico que me tenga en cuenta como uno de sus pupilos que, con pluma en mano, con el papel frente a mí... He de reconocer: mi nostalgia aumenta con el paso de los días al percatarme de cuánto anhelo poder auxiliarlo de algún modo, poder servirle en algo, pero es algo que está fuera de mí, y ni siquiera puedo aportar un pequeño detalle para lograr que usted se alegre y distraiga..."

Esta carta parece ser escrita como para despertar la compasión y arrepentimiento del músico, pero en esos momentos la dependencia y servilismo de Friedrich hacia él no eran tan marcados gracias a la distancia que había entre ambos; la principal causa del distanciamiento fue la firmeza del carácter del filósofo, ya que Wagner nunca había logrado someterlo por completo, además de que tenía la tendencia a convertirse en líder en todas las relaciones que sostenía, sobre todo en cuanto a la amistad se refería.

Es muy probable que entre esos dos personajes hubiera una rivalidad inconsciente, y fuera precisamente ese sentir el que permitiera a Friedrich percatarse de la verdadera naturaleza de su ídolo y así contemplar con mayor claridad su obra para los propósitos de su crítica. La admiración desmedida que el filósofo sentía por el músico se fue transformando, no en odio, sino en una equilibrada mezcla de rencor y cariño, quizás no terminó odiándolo debido a que el mismo Nietzsche en algún momento había acariciado la idea de dedicarse a la música y no lo había logrado, por lo que en Wagner veía realizadas sus ilusiones.

No obstante la transformación de los sentimientos entre ambos, su amistad no parecía condenada al fracaso; cuando Wagner cumplió sesenta años en mayo de 1873, Nietzsche le escribió una carta colmada de cariño; y ese mismo año, la vida le dio la oportunidad de servir al músico como tanto había anhelado, ya que el comité del festival le pidió que redactara un manifiesto que lograra que el público se suscribiera, pero Nietzsche escribió un manifiesto totalmente diferente a lo que se le había solicitado; la *Exhortación a los alemanes* era un escrito con tintes de rabia y rencor hacia todos aquellos que habían desdeñado la obra de Wagner. El círculo wagneriano celebró una asamblea del 30 de octubre al 3 de noviembre, en la que Wagner fue el principal detractor de este escrito, que al final fue reemplazado por uno más acorde y de otro autor.

Para 1875, Nietzsche seguía trabajando con esmero en sus *Consideraciones inactuales*, ahora trabajaba en la cuarta de la serie, pero interrumpió su trabajo en el mes de octubre para continuar en cuanto estuvo seguro de que el festival sí se iba a llevar a cabo, por lo que terminó en la primavera de 1876. La obra *Richard Wagner en Bayreuth*, brinda más claridad sobre los avances del filósofo que sobre el músico alemán, en ella se devela un Nietzsche convencido de la grandeza de la obra de su ídolo, pero esta admiración ha tomado un balance, ya no es aquella desmesurada admiración que rechazaba todo lo contrario, pues ha perdido el entusiasmo y la exacerbación de antaño.

Pareciera que el filósofo ha abierto los ojos y se percata de que la obra de Wagner tiene errores y puede ser analizada y criticada, realiza un profundo examen del hombre, del músico y del escritor. En las primeras páginas de la obra, Friedrich realiza un perfil psicológico de Wagner, en este pone sobre la mesa las cartas y exhibe sin pudor los errores, complejos y virtudes del maestro. Hace un planteamiento total de la gran personalidad y traza una analogía con la antigüedad clásica mientras ataca al racionalismo que ciega a los intelectuales de la época.

En sus primeras líneas, Nietzsche había establecido la desconfianza que sentía por la influencia de Bayreuth en la obra del músico, quizás podría llamarse un ataque de celos hacia aquella ciudad que el había quitado a su figura paterna, pero cuando ya está convencido de que el festival va a llevarse a cabo, modifica estas palabras, esto brinda al escrito una sensación de incongruencia y desmembramiento del desarrollo, además de parecer contradictorio. Es en este periodo cuando se puede percibir que Friedrich ya había bajado de su adoratorio personal a Wagner, de quien había escrito una aduladora descripción para disfrazar la severa crítica con la que terminaba su obra:

> "Todo aquel que analice la obra de Wagner, debe tener en mente que todos y cada uno de los dramas que escribió este poeta y escultor de la lengua deben ser leídos, por lo que los lineamientos propios de los dramas recitados salen sobrando".

Con esto, Nietzsche hace una dura crítica a la obra del músico y define su lenguaje como deficiente; por supuesto que Wagner no poseía la calidad y cualidades de Schopenhauer y eso era algo que desagradaba al filósofo; también comenta que los escritos del músico están llenos de esa violencia que inspira el hombre que después de haber perdido la mano derecha, sigue en la pelea con la izquierda; además comenta que sus ideas parecen las de un hombre enfermo debido a que le falta estilo y que resulta ser un defecto incorregible; termina diciendo que Wagner es para el pueblo alemán, no el profeta, sino el exegeta y encomiástico del pasado.

Estos comentarios logran romper el lazo que lo unía con el músico justo antes del festival, y se adjudica algunas de las propiedades que había otorgado a Wagner, como lo era el don profético, pues el músico había caído del pedestal en que lo tenía y alguien debía recoger la estafeta. Este trabajo que había comenzado como un homenaje al músico, termina siendo un velado ataque al mismo, además de ser la evidente confesión del cambio que su pensamiento estaba experimentando; una de las más importantes dilucidaciones que el filósofo experimenta es la ruptura de su teoría plasmada en su polémico manifiesto *El origen de la tragedia*, en el cual expone que el arte actúa como un salvador silencioso de la vida y que por su medio se puede liberar a la vida. El arte, ahora, sólo podía reflejar una parte de la complejidad de la existencia y la vida.

La cronología del rompimiento entre Nietzsche y Wagner comenzó con una invitación de éste en 1873, cuando Friedrich se aleja por un tiempo, y entonces el músico se deprime por esto; en 1874, Wagner invitó al filósofo a pasar una temporada con él, pero éste prefiere viajar a un pueblo de Suiza a terminar su obra sobre Schopenhauer; en el mes de agosto del mismo año, Nietzsche y su hermana visitan a los Wagner en Bayreuth, lo que causa gran alegría en el matrimonio, pero el pensador sostiene una actitud de desdén y de provocación con su anfitrión, pues en los primero días de ese mes había asistido a un recital de Brahms en Basilea, y adquirió una partitura de la *Marcha triunfal,* misma que llevó consigo a Bayreuth para provocar la irritación de Wagner, quien odiaba a este importante músico.

Este acto logró hacer estallar la ira de Wagner, y reclamó fuertemente a su invitado, la riña incluyó desde reclamos a grito abierto hasta insultos del peor calibre; Wagner se tranquilizó rápidamente después de haberse desahogado, pero Nietzsche no, él conservó vivo en su corazón el recuerdo de aquellas hirientes palabras por mucho tiempo, lo que lo llevó a no presentarse en Bayreuth sino hasta el año 1876, cuando tuvo que asistir a los preparativos del festival; su rencor lo mantuvo lejos de sus amigos por poco más de dos años, mientras que en ese lapso los Wagner siempre estuvieron pendientes de él, además de que cuando su ensayo sobre Schopenhauer fue publicado, el músico y su esposa se deshacían en cumplidos hacia éste, pero la relación con el filósofo se hallaba en una etapa de desinterés por parte de éste y cuando iba a terminar de escribir sus *Consideraciones inactuales,* no tenía ni la más mínima intención de incluir una apología sobre el músico.

En Nietzsche se estaba manifestando una severa crisis interior, lo cual se puede comprobar al leer la inconclusa obra titulada *Nosotros los filólogos,* en la cual volvía a replantearse sus bases sobre el helenismo y la educación, la cual quedó inconclusa cuando sintió que no era relevante y perdió todo interés por el tema, además de que esto lo sumió en una monótona rutina de la que fue rescatado por sus antiguos amigos de Basilea, pero aun así, a finales del mismo año, Nietzsche se encuentra en un fuerte estado de depresión.

Wagner, quien estaba al tanto de la vida de su amigo, se enteró del estado de éste y le escribió una carta llena de cariño y amistad, y le aconsejaba que debía cambiar las motivaciones y metas de su vida:

> "Su carta nos ha llenado aún más de preocupación, si es que eso es posible. Mi esposa le escribirá a detalle más adelante ya que yo no tengo tiempo, tan sólo este breve instante y quería dedicárselo a usted —quizás a usted no le agrade— para comentarle algo que hemos hablado de usted.
>
> "Estoy casi seguro de que nunca en mi vida he tenido una amistad con algún hombre como la que usted tiene con otras personas en esos ocasos en Basilea, y si todos son hipocondríacos, entonces creo que no vale la pena... Usted debería contraer nupcias o escribir una ópera, las dos cosas le caerían muy bien. Por mi parte, le aconsejo que se case.
>
> "En lo que toma una decisión, le aconsejo que se tome un sedante, pero usted surte su botiquín con tanta anticipación, que el remedio sería inservible. Le expondré un ejemplo: realizaremos los preparativos y le tendremos listo alojamiento en nuestra casa; en lo que a mí concierne, nunca se me brindó una oportunidad así cuando la situación era difícil, por lo que creo que usted debería pasar las vacaciones veraniegas en nuestra compañía. Pero no ha sido así, usted, con sumo cuidado, nos avisa

a principios de invierno que tomó la decisión de pasar las vacaciones de verano en Suiza. ¡En una montaña alta y solitaria! ¿Acaso no parece un diplomático rechazo a nuestra posible invitación? Nosotros podemos ayudarlo. ¿Entonces, por qué la desaira? Es más, su amigo von Gersdorff y demás compañeros pueden pasar aquí las vacaciones...

"Prefiero dejar de hablar de usted, porque en realidad resulta inútil.

"¡Por el amor de Dios! ¡Contraiga matrimonio con una mujer acaudalada! ¿Por qué habrá sido von Gersdorff un hombre? Viaje, aumente su bagaje de conocimiento y gane de aquellas experiencias que convierten a Hillebrand en un autor tan encomiable, y escriba su ópera, la cual deberá ser muy difícil de representar. ¡Seguramente Satanás ha sido quien lo convirtió en pedagogo!"

En el mes de enero de 1875, Nietzsche recibió una carta escrita por Cosima, la esposa de Wagner, en la que le pregunta si su hermana pudiera ocuparse del cuidado de sus hijos y casa mientras Richard y ella se iban de viaje, a lo que Nietzsche respondió inmediatamente que sí; esta parecía una ocasión propicia de retomar la relación sin necesidad de un compromiso personal por su parte. No obstante la frialdad con que ambos se trataban, no todo fue hielo, ya que Friedrich sentía algunas veces una gran emoción por Wagner.

Fue en el año 1875 cuando dio inicio a su escrito, este trabajo tenía como intención ayudar a su amigo, pero en agosto, mientras se encontraba en Steinabad, le escribió a su amigo Rohde diciéndole que su ensayo sobre Wagner estaba terminado, pero que nunca lo publicaría debido a que estaba muy por debajo del nivel que él mismo se exigía; "así que en lo personal, para lo único que sirve es para analizar nuestras relaciones desde enero hasta estos días. No me ciego, estoy plenamente consciente de que no lo he analizado en su totalidad y esto me plantea una interrogante: ¿Cómo voy a lograr ayudar al prójimo?"

Para Nietzsche, el desenlace de las relaciones que tenía con Wagner le resultaban el asunto más terrible de su vida, pero aun así, terminó su ensayo y lo publicó en el mes de julio de 1876; así que con gran temor, mandó un par de ejemplares del mismo a Bayreuth y no tenía ni la menor idea de cuál sería la reacción del músico al leerla. Pero el miedo que Friedrich sentía no tenía razón alguna, ya que el músico tenía una carga de trabajo tal, que cuando llegó el manifiesto ni siquiera se dio cuenta del cambio de su amigo y mucho menos de la crítica que éste hacía sobre su persona, además de que le escribió una carta en la que lo felicitaba y le preguntaba de dónde había sacado tantos datos sobre él, y lo invitó a visitarlo para que pudiera sacar más conclusiones sobre su persona.

Erwin Rohde, amigo del que Nietzsche terminaría distanciado sin causa aparente.

Nietzsche aceptó la invitación, y antes de que finalizara el mes de julio, el filósofo había emprendido la marcha hacia la casa del músico, cuando llegó lo hizo en compañía de su hermana a la que le confió que se sentía desesperado y que no veía la hora de marcharse de allí, las veladas llenas de artistas lo habían logrado fastidiar y estaba harto. Además de su hastío, Friedrich comenzó a sentirse mal, lo que resultaba un mal indicio pues siempre había sido de salud muy frágil, así que poco antes del primer ensayo general logró salir de Bayreuth con destino a los bosques de Baviera.

Durante su estancia en Baviera comenzó con los primeros trazos de su obra *Humano, demasiado humano,* con lo que nos podemos dar cuenta del grado de distanciamiento entre él y Wagner. Su hermana se había quedado en la ciudad de residencia del músico, y apenas diez días después de su llegada a los bosques, recibió una carta de ella en la que le suplicaba que regresara para el estreno de *El oro del Rin,* y a pesar de que prolongó por unos días su estancia en la ciudad ya no asistió a las demás representaciones.

Internamente, los lazos que lo adherían a Wagner estaban disueltos, ahora ya no había nada que lo uniera a él, en su obra *Nietzsche contra Wagner,* la cual escribió doce años después, dilucidaría el proceso del rompimiento:

> "En 1876, durante el verano, era la época del primer festival y yo ya había roto mis lazos con Wagner desde lo más profundo de mi alma. Para mí, la ambigüedad es intolerable y desde que Wagner se mudó a Alemania, había comenzado a adoptar una actitud condescendiente hacia cosas que me producen desprecio, incluso con el fanatismo... había llegado el momento de poner un hasta aquí al asunto, y los sucesos me han otorgado la razón. Richard Wagner, el todopoderoso Wagner, era en

realidad un exasperado y corrupto pachucho que se puso de rodillas, como un ser vencido y desamparado, ante la cruz cristiana...".

Los dos hombres se vieron por última vez en el otoño del mismo año en la ciudad de Sorrento; Nietzsche había acudido a dicha ciudad con Malwida von Meysenbug después del invierno, y los Wagner, quizá por azares del destino, habían escogido la misma ciudad para pasar un mes de vacaciones. Fue apenas unos días antes de que terminara la estancia de éstos últimos, cuando junto con Friedrich recorrían las calles de la ciudad, el músico comenzó a hablar acerca de lo ocupado que estaba en la estructuración por medio de la cual iba a integrar motivos cristianos en la obra *Parsifal,* obra que estaba preparando en ese tiempo, y hablaba con tanto entusiasmo que parecía que en cualquier momento el corazón le saldría de la boca colgado de sus palabras, mientras, Nietzsche sólo escuchaba, su semblante permanecía inmutable, pareciera que no sabía cómo salir de una situación que le resultaba tan desagradable, cuando de repente, se puso de pie y disculpándose, desapareció en la oscuridad para no volver a ver jamás a sus ex amigos.

Este fue el final de la amistad más significativa de la vida de Nietzsche, y aunque habían dejado de verse por casi dos años, fue hasta 1878 cuando la separación se hizo pública, hasta ese momento se había guardado una especie de celoso secreto en torno a este hecho. Ese mismo año, en el mes de enero, Wagner sin viso de rencor alguno, envió a Friedrich una copia de su obra *Parsifal.* Nietzsche recibió la obra pero no contestó la atención de Wagner, pero eso no le evitó las críticas entre sus amistades. En el mes de mayo, Friedrich terminó de publicar su más reciente obra *Humano, demasiado humano,* y envió una copia de ésta a los Wagner, pero lo hizo con una dedicatoria hiriente e incongruente.

Nietzsche se había dedicado a atacar a Wagner e incluso en esta obra, el músico recibe una humillante mención al ser llamado "el artista", lo que logró herir en lo más hondo a sus amigos, pero éstos no pronunciaron palabra alguna sino hasta agosto, mes en el que el músico publicó en *Bayreuther Blätter* un artículo titulado "El público y la fama", y en él criticaba, aunque de forma muy velada, la filosofía de Nietzsche, esto fue lo más directo y terrible que Wagner hizo contra Friedrich; aunque el músico era conocido por el veneno de su lengua hacia sus enemigos, en lo tocante al filósofo se manejó con mucho tacto, tal vez por el recuerdo de los momentos tan gratos que habían pasado juntos.

Wagner y Nietzsche terminarían por separarse,
lo que le dolió enormemente al músico.

La misma hermana de Nietzsche se había propuesto evitar el distanciamiento entre ambos, pero todos sus esfuerzos resultaron en vano, aquellos dos grandes egos habían zanjado ya entre ellos un gran foso, el cual ninguno de los dos estaba dispuesto a olvidar; el rompimiento entre ambos era definitivo. Esto significaba la terminación de una amistad de muchos años entre dos de los hombres más grandes de su tiempo, y posiblemente igual de grande era su orgullo; entre aquellos hombres habían nacido diferencias de criterio irreconciliables, por lo que un divorcio intelectual era necesario entre ellos.

CAPÍTULO VI

La quebrantada salud de Nietzsche

EL ENFERMIZO FILÓSOFO

En 1879, en el mes de septiembre, Nietzsche escribió una carta a su amigo Peter Gast desde la ciudad de Saint Moritz, en la que describe las dolencias que lo aquejan desde antes de su rompimiento con Wagner:

"Ahora, casi al cumplir los treinta y seis años, edad que desde hace más de cinco siglos ha sido considerada la mitad exacta de la vida, además a esa edad, Dante terminó sus visiones, tal y como lo dice el primer verso de su poema. Ahora estoy en la mitad de mi vida, pero estoy tan rodeado de muerte, que la misma me podría sorprender en cualquier momento; la clase de enfermedad que padezco me hace creer que mi muerte será súbita, en medio de un ataque de convulsiones, aunque a decir verdad, yo preferiría una lenta y consciente agonía, en la que pudiera charlar con mis amigos, sin importar que eso me causara más sufrimiento.

"Por ese lado, me siento sumamente viejo, tal vez porque mi vida ya ha dejado huella. He alimentado a la lámpara de aceite, y eso no lo olvidaré. De hecho, he superado la prueba máxima de la vida; otros deberán superarla después de mí. Las interminables y agudas enfermedades no han logrado, por lo menos hasta este día, minar mi voluntad, inclusive, me siento a veces mucho más contento y piadoso de lo que me he sentido en mi vida entera. ¿A quién le debo esta influencia vivificante y sana? Por supuesto que al hombre no, ya que a excepción de una minoría, el resto se ha escandalizado de mí en los últimos años y no han dudado en hacérmelo saber".

Las continuas enfermedades que desde pequeño lo habían acosado, habían aumentado su efecto y dolor con el paso de los años, pero ahora tenían una nueva compañera, se trataba de la incapacidad de Nietzsche para lograr relacionarse con los demás, lo que se puede constatar al referirnos a las demandas que hacía a sus amistades, las cuales se habían dispersado por la falta de atención por parte del filósofo. En 1876 había fallecido quien fuera su protector y amigo por mucho tiempo, el Prof. Ritschl, a quien había prácticamente olvidado; su amistad con quien fuera su inseparable amigo Rohde, también se había desvanecido gracias a que éste obtuvo una cátedra en la ciudad de Jena, por lo que el contacto entre ambos se hizo más difícil y distante; la amistad con von Gersdorff se había terminado cuando éste se iba a casar con una preciosa mujer italiana y Nietzsche, tal vez por envidia, osó entrometerse en la vida de su amigo al tratar de hacerlo cambiar de opinión para que no lo hiciera.

Los huecos emocionales que sus amigos fueron dejando, habían sido ocupados por nuevas amistades, como lo fue el caso de Malwida von Meysenbug y Paul Reé, pero sobre todo, la amistad con Henrich Köselitz, el cual es mejor conocido como Peter Gast. Este personaje había llegado a Basilea en el año 1857, con el único propósito de conocer a Nietzsche personalmente, ya que la admiración que sentía por ese hombre era en verdad grande; lo había impresionado la integridad de la obra de Friedrich, y además había logrado recibir clases de él, por lo que el contacto directo con el filósofo había acrecentado la enorme admiración que sentía, y por el resto de los días de su maestro, de alguna u otra forma siempre permaneció relacionado a él.

Nietzsche sentía un especial agrado por la compañía de este joven cuyas habilidades musicales llenaban las expectativas del filósofo, por lo que rápidamente se convirtió en alguien de quien no podía prescindir, no obstante esto tenía una explicación bastante comodina para Friedrich, y es que Peter tenía una excelente y hermosa caligrafía. Gast se había convertido en una especie de secretaria para Friedrich, y escribía todo lo que éste le dictaba para después pasarlo en limpio y así preparar cada hoja para la imprenta. Con el tiempo, Gast se ganó la confianza de su maestro.

Peter Gast prestaría un gran servicio a Nietzsche, además de su amistad.

Nietzsche había logrado hacer amistad con un importante escritor y pintor, su nombre era Reihardt von Seydlitz, aquella amistad se había fraguado un año después del distanciamiento de Wagner, pero a pesar de todo la amistad con Gast siempre fue más fuerte, pero no tanto como para preparar al incipiente admirador para lo que estaba por suceder, ya que la salud de Friedrich se estaba deteriorando rápidamente y pronto tendría que recibir numerosos cuidados y Gast no podría proporcionárselos.

A raíz del decadente estado de salud de Friedrich, Gast comenzó a hastiarse de la situación, no soportaba tener que cuidar a un enfermo tan exigente, sin importar cuanto lo admirara y respetara, Peter no consagraría su vida al cuidado de su maestro, es por eso que, Elizabeth, hermana de Nietzsche, comenzó a tomar en sus manos muchos de los asuntos de su hermano, y paulatinamente, su importancia en la vida del filósofo fue incrementándose. Desde el año 1875, ambos hermanos habían vivido juntos en Basilea.

Las labores de esta abnegada mujer se complicaban aún más, ya que al mismo tiempo que atendía a su hermano, también atendía a su madre enferma, quien vivía en Naumburgo, por lo que el tiempo que dedicaba a su hermano, era eventual aun cuando los cuidados para su hermano se hacían cada vez más exigentes y celosos. Nietzsche seguía viajando de un lugar a otro, regresaba a Basilea y volvía a salir hacia Suiza, Italia y Alemania; estos viajes se debían en su mayor parte a que solía realizar casuales visitas a sus amigos, pero la mayor parte de ellos eran debido a su deplorable estado de salud.

Sus dolencias eran controladas mediante drásticos cambios de clima, por lo que Friedrich siempre estaba en la búsqueda de un lugar que hiciera el milagro de mejorar su ya deteriorada salud física y mental. Esta situación de suma importancia como lo era su salud, lo llevó a contemplar la sugerencia que un día le hiciera Wagner, estaba decidido a contraer matrimonio. Con esta decisión intentaría darle algo de sensatez a su trastornada vida, y fue justo en uno de esos viajes que conoció a una joven de origen holandés que se llamaba Mathilde Trampedach.

La urgencia de Nietzsche por contraer matrimonio se reflejó en una carta que, tras de algunos días y un paseo de cuatro horas, le escribió para pedirle que se casara con él; la petición de matrimonio se efectuó por escrito como lo marcaban las costumbres de la época, además de que la realizó en los días en que iba a partir. Friedrich recibió una noticia que lo impulsó a decidirse a escribir esa carta, y es que la señorita en cuestión había leído *Excelsior*, una obra de Longfellow, y se había identificado completamente con los conceptos de éste así como con la vida que ahí se describe.

Así que armado de valor, Nietzsche escribió la carta para solicitarle matrimonio, aquella había comenzado tan delicadamente como el trueno que retumba en el cielo y cimbra las paredes de todas las casas, al leerla nos podremos dar cuenta de que el romance entre un hombre y una mujer no era precisamente el fuerte de Friedrich, es más, podemos decir que era bastante torpe y en momentos grosero al no utilizar la cortesía para hablar de tan delicado tema a una dama:

"Ginebra, 11 de abril de 1876

"Señorita: como de cualquier manera usted me escribirá hoy por la noche, es mi deseo corresponderle.

"Reúna todo el valor de su corazón y que la pregunta que voy a realizarle no cause espanto: ¿Quiere usted contraer nupcias conmigo? La amo y en lo profundo de mi corazón siento que es mía. No le daré explicación alguna del porqué de este súbito amor, ni tampoco me disculparé, pues en ello no hay culpa alguna. Quiero que me diga si su sentir corresponde al mío. Usted y yo nunca nos sentimos extraños, ni siquiera un minuto.

"¿Acaso no cree que nuestro matrimonio nos dará más libertad y felicidad de la que podríamos obtener estando separados, en pocas palabras, más perfectos? ¿Podrá usted atreverse a marcharse conmigo para ser más libre, mejor y más sincera? ¿Tendrá usted el valor de recorrer a mi lado los caminos de la vida y el pensamiento? No calle, y sea sincera conmigo. A excepción de nuestro amigo, von Senger, nadie sabe de esta carta ni de la importante pregunta que en ella le hago.

"El día de mañana, en el tren de las 11, regreso a Basilea, me resulta imposible postergar mi viaje, es por eso que le doy mi dirección en dicha ciudad. Si su respuesta fuera ¡sí!, le pediré los generales de su señora madre y le escribiré prestamente; puede contestarme por medio de una carta, ya sea que su respuesta sea sí o no. Yo esperaré su respuesta hasta mañana a las 10 horas en el Hotel Gami de la Poste.

"Le deseo un futuro pletórico de dicha y bondad.

"Friedrich Nietzsche".

La propuesta matrimonial que hizo a la Srta. Trampedach es una clara demostración de sus inhibiciones, pareciera que al pedirle matrimonio a la señorita le resultara necesario salir huyendo del lugar; esta sería la última vez que pensaría en el matrimonio, por lo menos hasta que conozca a Lou Salomé, además de que Malwida le tocara el tema muy sutilmente mientras ambos se encontraban en la ciudad de Sorrento y sobre lo cual le escribió a su hermana el 25 de abril de 1877:

"Hermana querida: tu carta me provocó un gran placer, y dio justo en el blanco ¡En verdad me encontraba muy mal! En tan sólo dos semanas, he permanecido seis días en cama debido a insoportables dolores de cabeza. Cuando logré levantarme, la que cayó en cama fue la Srta. Meysenbug, quien debido a un padecimiento reumático ha tenido que pasar tres días en cama. No obstante que hemos estado con mucho dolor, nos reímos mucho con algunas partes de tu carta. He de comentarte que la Srta. Meysenbug me ha expuesto un plan con el cual tú puedes cooperar, y es que estamos convencidos de que de seguir con mi cátedra en Basilea deberé cancelar otros proyectos de mucha mayor importancia y acabar con la poca salud que aún tengo.

"Aún permaneceré en la universidad por el próximo invierno, pero para la pascua de 1878 esto habrá llegado a su fin si es que la segunda parte del plan resulta exitosa, esto es, si me llego a casar con una mujer adecuada y de buena posición económica. Esto último es un requisito indispensable, debe ser buena pero rica, la Srta. Meysenbug y yo nos hemos reído a carcajadas de este último detalle. Cuando ya estemos casados viviremos en Roma por algunos años, ya que este ambiente es ideal para el mejoramiento de mi precaria salud, además de ser propicio para mis estudios e intereses. Es imperioso que el 'plan' sea finalizado en el verano en Suiza, para regresar ya casado a Basilea para el próximo otoño.

"Hemos invitado a diferentes personas para que se trasladen a Suiza; la mayoría de los nombres te serán totalmente desconocidos, pero si consideramos sus cualidades espirituales, me resultan mucho más apropiados los corazones del país. ¡Con que has logrado grandes avances con la abstracción de la pequeña Köckert en Ginebra! ¡Gloria, decoro, ponderación! Pero eso significa un gran riesgo; ¿y la riqueza?"

Esos eran los planes del filósofo por esos días, la idea de un matrimonio por conveniencia, basándose en ideas claramente burguesas, echa por los suelos la imagen del Nietzsche solitario, pero nos da una perfecta idea de los graves padecimientos físicos que tenía, pero para el mes de junio de ese mismo año, la idea del matrimonio le resulta diferente, sigue pareciéndole atractiva, pero piensa que en su caso es profundamente improbable.

SU HISTORIA CLÍNICA

Los severos dolores y padecimientos habían estado aquejando a Nietzsche; tenía que solicitar frecuentemente permisos en la universidad, los planes de matrimonio habían quedado de lado, era imperioso buscar otro plan de acción, por lo que anunció su renuncia a su puesto en la universidad. En 1879, en el verano, las condiciones de vida de Friedrich se tornaron mucho más difíciles debido a que su hermana había tenido que regresar de manera concluyente a Naumburgo con su madre. En 1879 su salud sufrió un duro revés, era cosa de todos los días que sufriera intensos dolores de cabeza y ojos, además de que las náuseas le producían vómito frecuentemente, por lo que le fue necesario presentar su renuncia de manera definitiva a su cátedra en la universidad de Basilea el 2 de mayo.

La universidad tuvo que formalizar la jubilación del filósofo apenas seis semanas después, y le determinaron una pensión anual de tres mil francos, lo que nos da una idea de la valía que tenían en dicha institución académica por los servicios de Nietzsche; los últimos cursos que impartió en el semestre de invierno del periodo 1878-79 abordaron el tema de los poetas líricos griegos, además de la introducción al estudio de Platón. Al quedar finalizada su relación con la universidad, optó por viajar acompañado de su hermana a Schloss Bremgarten, un poblado cercano a Berna, pero cuando su hermana tuvo que regresar al lado de su madre, Friedrich viajó a Zurich donde la suegra de su amigo Overbeck lo cuidó.

Un mes y medio después, viajó por primera vez a la Alta Engadina, en ese lugar su salud mejoró casi inmediatamente y así lo afirmó en una carta a su hermana:

> "Tal vez lo mejor sea Saint Moritz, me siento como si hubiera llegado al paraíso, ya que siento un verdadero alivio por vez primera. Estoy muy bien, y deseo quedarme aquí por mucho tiempo".

Pero dos semanas después de su llegada hace una observación que nos muestra un cambio en su pensamiento y estado de salud:

> "Me encuentro muy enfermo, he permanecido postrado en mi lecho por cuatro días, y cada uno de ellos trae consigo sus dolores particulares, pero aun así, los tolero mejor aquí que en cualquier otro lugar. Pareciera que después de tanto tiempo, por fin hubiera logrado encontrar lo que buscaba. Una mejoría me parece poco probable y una curación es aún más lejana, pero sentirme aliviado es algo que valoro entrañablemente".

Por mucho tiempo, el historial clínico de Nietzsche ha llevado a muchos investigadores a escribir páginas y páginas, pero las conclusiones entre ellos son sumamente diferentes, quizás el más acertado sea Karl Jaspers, quien en su biografía de Nietzsche resume los hallazgos más importantes sobre la salud del filósofo, pero en ella expone las razones y hechos que hacen de la salud de este genio un tema sumamente controversial.

La teoría más aceptada es la que expone que su decaimiento espiritual que resulta latente desde 1888, fue causado por algún tipo de parálisis, lo que ha llevado a una interpretación de su vida basada en estos últimos días, por lo que todos los padecimientos que lo llevaron a este estado confluyeron en la ya mencionada parálisis. Esta teoría coloca el origen de la parálisis en la juventud del genio, época en la que seguramente contrajo una infección sifilítica. En los escritos de Deussen titulados *Recuerdos de Nietzsche,* relata como en una de sus visitas a Colonia, Friedrich fue llevado por un criado a un burdel .

Según Deussen, al día siguiente, Nietzsche le contó con horror y aspavientos, lo terrible de aquella experiencia rodeado de mujeres de la vida galante, y cómo había salido corriendo de aquel lugar non santo; pero aunque el relato del amigo de Friedrich fuera verídico, la existencia de la infección sigue presentando ciertas dudas, y aunque así fuera, es bastante discutible que aquella infección hubiera sido la causa de los padecimientos posteriores de Nietzsche.

Existen muchas teorías sobre las enfermedades del filósofo, como la que dice que su enfermedad se derivó del uso indiscriminado de medicamentos y venenos, mientras que otra opina que la sintomatología de la enfermedad es de un proceso psiconeurótico que desde 1873 se desató con el rompimiento con su protector y amigo Richard Wagner; estas especulaciones más parecidas a las declaraciones de un oráculo que a un verdadero y minucioso estudio científico, resultan inverosímiles cuando en sus conclusiones afirman que toda la obra de Nietzsche es el resultado de la mente de un orate.

Si bien es cierto que la enfermedad y su obra están íntimamente relacionadas en su vida, esta relación sigue, hasta nuestros días, agazapada en algún oscuro lugar de la historia, esperando que alguien, algún día, logre sacarla a la luz y aclare de una vez por todas este misterio. En verdad tenemos muy poco conocimiento acerca de la razón de

Algunos investigadores piensan que la enfermedad de Nietzsche fue el resultado de su rompimiento con Richard Wagner.

sus múltiples padecimientos, pero en su infancia existen varios síntomas de su enfermedad que se presentan, como lo fue en 1856, cuando tuvo que faltar a clases en su escuela por un breve periodo ya que sufría de fuertes dolores en el cerebro y ojos.

Durante la etapa en Pforta en 1862, los dolores volvieron a aparecer, aunque en su examen físico se menciona que era una persona que gozaba de una envidiable salud, con una vista de corto alcance, de complexión fuerte y con dolores de cabeza que vienen y van con intensidad de proporción variable. Es importante recordar que durante su juventud tuvo otras complicaciones de salud, como lo fue la caída del caballo durante su servicio militar en 1868, y la difteria y disentería que contrajo durante la guerra franco-prusiana. La difteria le ocasionó dolores en el abdomen que durarían por años.

Cuando corría el año 1879, su salud se agravó de manera considerable, tan fue así, que este periodo es considerado uno de los puntos más peligrosos. Los dolores que sufría eran tan intensos, que en ocasiones le hacían perder el conocimiento; aquí aparece una de las manipulaciones más considerables de su historia, ya que habían aparecido cartas en las que en 1880, Nietzsche anunciaba su muerte, pero se descubrió que dichas cartas resultaron ser una falsificación de su hermana, quien las escribió posterior a la muerte de Friedrich.

Para 1880, los ataques comenzaron a desaparecer y en su lugar surgieron extraños estados anímicos llenos de entusiasmo y euforia, acompañados de un deseo por crear casi incontrolable, que casi al unísono con otros de enojo y desolación compartían los días del filósofo. Estos síntomas, como lo aclara Jaspers en su investigación, son completamente distintos a los experimentados en la década anterior, además de que su enfermedad mental no aparece sino hasta el final de los años 80, pero debemos observar que resulta completamente lógico que las dolencias y padecimientos que un hombre ha sufrido desde su niñez lleguen a influir directamente en su comportamiento.

Muchos de sus biógrafos e investigadores apoyan la creencia de que el distanciamiento y posterior rompimiento con Richard Wagner, quien además de su amigo era un icono de lo que significaba la vida consciente para Nietzsche, ocasionó un trastorno psicológico y trastornos neuróticos que lo llevaron irremediablemente a un estado de salud quebrantado. Pero aun así, esta teoría es fácilmente rebatida si afirmamos que las reacciones de Friedrich en cuanto a Wagner se refiere pudieron ser causadas por un ataque de ira provocado por su misma enfermedad.

Sin embargo, la teoría más aceptable que se encuentra, es que desde pequeño el filósofo sufrió de un tumor cerebral, el cual atrofiaba varias funciones de su masa encefálica, produciéndole los dolores de cabeza y ojos, así como las continuas náuseas que sufría. Además está comprobado que los tumores cerebrales alteran las funciones sociales del individuo, haciéndolo iracundo y antisocial como lo era el caso de Nietzsche.

CAPÍTULO VII

Humano, demasiado humano

LA OBRA DEL GENIO

La salud de Nietzsche seguía en una imparable carrera cuesta abajo, y en este estado anímico fue como escribió su obra *Humano, demasiado humano;* esta obra la inició en 1876 cuando se retiró súbitamente de Bayreuth poco antes de la inauguración del festival, pero fue publicada hasta el año 1878. Tiempo después añadió dos partes más a su obra, se trataba de *Miscelánea de opiniones y sentencias* (1879) y *El viajero y su sombra (1880),* esta última era considerada por su autor como la segunda parte de *Humano, demasiado humano;* esta obra es la mejor prueba del estado frenético de creación al que nos referimos en el capítulo anterior, ya que contiene poco más de seiscientas páginas, así que podemos asumir que en ese tiempo, Nietzsche se sentaba a escribir hasta que su cuerpo resistiera.

Es muy posible que en el lugar que se encontrara (durante esta etapa, Nietzsche viajó constantemente buscando alivio para sus dolencias) no descansaba casi nada y todo el tiempo lo dedicaba a escribir. En esta obra deja entrever su largo andar, pues cada viaje significaba tener que interrumpir momentáneamente su trabajo y por lo tanto no se daba una elaboración reposada, sus ideas quedaban plasmadas en miles de pequeñas anotaciones y ensayos que después solía vaciar en sus escritos, no sin antes revisar y seleccionar cada uno de ellos, además de darles forma y estilo para que resultaran coherentes con el resto de su trabajo.

En el año 1877, los continuos viajes ya no le proporcionaban ningún alivio, y es en ese año cuando después de regresar de Sorrento a la población de Lugano, el filósofo escribió una carta a Meysenbug, en la cual describe el resultado de su viaje:

"Los viajes por mar son como un refulgente espejo que refleja la escalofriante desventura del ser humano, así es, una visión escalofriante, pero en el fondo resulta tan cómica como me parecen en ocasiones mis dolores de cabeza, los cuales regresan incluso cuando gozo de un estado físico envidiable.

"No obstante, hoy regreso a la vida de una alegre ingravidez; en la embarcación, los pensamientos negativos hacían presa de mí, llegando incluso a considerar el suicidio, y mi única preocupación era la de encontrar la fosa más profunda para poder hundirme en ella y así no fuera posible que me rescataran, sino, además hubiera tenido que dar cierta recompensa a mis salvadores, la cual constituiría en una considerable y generosa cantidad de oro para mostrar mi agradecimiento.

"Sin embargo, yo ya estaba plenamente familiarizado con los peores momentos de los mareos desde que comenzó a darme severas molestias mi estomago, el cual se había hermanado con mis dolores de cabeza; sin embargo, regresaban los recuerdos de momentos que yo ya casi había olvidado.

"A esto debo sumar la molestia que resulta de tener que cambiar mi posición ocho o nueve veces por minuto, ya sea de día o de noche, todo esto ambientado por el aroma de los alimentos y las banales pláticas de los comensales que saborean manjares exquisitos, lo que me resultaba nauseabundo a niveles indescriptibles.

"Al llegar al puerto de Livorno, mis intenciones eran las de desembarcar, pero habíamos llegado de noche y con una torrencial lluvia, por lo que el capitán me recomendó que permaneciera en la embarcación; en la nave todo era un caos, las embestidas de las olas ocasionaban un fuerte crujir de la madera, mientras que el vaivén provocaba la caída de todo lo que había en las repisas y mesas como si fueran animados, los niños gritaban aterrorizados, la tempestad pareciera haberse enfocado en nuestra embarcación y la golpeaba con fuerza, en fin, pareciera que el insomnio iba a ser mi destino por siempre.

"Cuando por fin logré desembarcar, nuevos dolores se hicieron presentes; a punto de enloquecer por los fuertes dolores de cabeza, dediqué mi tiempo a observar con mucha atención, sin confiar en nada ni nadie. Cuando por fin logré pasar sin problemas la aduana, me di cuenta de que había olvidado algo sumamente importante, facturar mi equipaje en el tren, por lo que tuve que trasladarme al Hotel Nacional con dos granujas que parecían estar esperando el momento oportuno para ocasionarme algún daño; mi equipaje lo llevaba un desconocido que jadeando, corría delante de mí.

"Cuando por fin mi paciencia se agotó le reclamé al conductor, éste se intimidó, pero su compañero escapó, y no se de qué manera logré llegar al Hotel Londres. El Hotel se veía bastante bien, pero a mi llegada fui abordado por una marabunta de mendigos que con las manos extendidas parecían decididos a atravesarme la carne.

"Cuando por fin logré llegar a mi cuarto, lo primero que hice fue lanzarme a la cama, en verdad me sentía muy enfermo. El viernes me recuperé un poco y al mediodía, con un cielo ennegrecido por la nubes cargadas de lluvia, dirigí mis pasos hacia la Galería del Palazzo Brignole; para mi deleite, los retratos de dicha familia me causaron una profunda y agradable impresión además de darme nuevos ánimos: uno de los Brignole se hallaba montado en un brioso corcel preparado para la batalla, en sus ojos flameaba candente el orgullo de esta familia y esto fue lo que logró reconfortarme.

"En mi consideración, me agradan mucho más Van Dyck y Rubens que cualquier otro pintor, pero los demás cuadros no me causaron impresión alguna, a excepción de uno sobre Cleopatra moribunda, obra de Guercino. De esta manera, logré regresar a la vida, y lo que quedaba del día estuve tranquilo en mi cuarto del Hotel.

"Al día siguiente, tuve otra gran alegría, ya que tuve la suerte de ser acompañado por una hermosa y agradable señorita que era bailarina del teatro de Milán durante mi viaje de regreso a esta ciudad desde Génova. Su nombre era Camila, era una mujer sumamente agradable. ¡Oh! ¡Debería de haber escuchado mi italiano!, de haber sido un jefe turco me la hubiera llevado para que en mis ratos de descanso de mis labores filosóficas hubiera bailado para mí. Aún estoy enojado con mi persona por no haber disfrutado de unos días con ella en Milán.

"Camino a Suiza, realicé el trayecto de Lugano a Como en el ferrocarril de San Geotardo, el cual ya había sido terminado. ¿Se preguntarán por qué he venido a Lugano? Y la verdad es que yo mismo no lo sé, pero en fin, aquí estoy. Cuando me disponía a cruzar la frontera de Suiza, la lluvia era torrencial y en el cielo se dejaron ver dos imponentes relámpagos, los cuales tomé como buenos presagios. Debo ser honesto al decir y reconocer, que al acercarme a las montañas, mi salud recobró una ligera mejoría. En la población de Chiasso, mi equipaje fue dividido en dos trenes, lo que resultó en una desesperante molestia, pero si esto no fuera suficiente, todavía quedaba la aduana.

"Incluso mis dos paraguas ahora viajaban en direcciones diferentes, por lo que un mozo me brindó cierta ayuda, esto me emocionó, pues cuando este suizo me ofreció su ayuda lo hizo en alemán, en ese momento me percaté de que me gusta más vivir entre suizo-alemanes que entre alemanes".

Este viaje en verdad resultó accidentado, pero la amplia experiencia de Friedrich en estos menesteres siempre lo ayudó a salir bien librado de todas las dificultades que se le presentaban, además de que siempre celebraba cualquier suceso cómico o divertido de sus travesías, pero las exigencias de los viajes a las que este hombre enfermo estaba sujeto, demuestran que además de la presión creativa con la que convivía todo el tiempo, había otros sucesos que se aunaban a la cruzada de su enfermedad haciéndolo padecer un poco más. Fue en medio de estas penurias y sucesos molestos que su obra *Humano, demasiado humano* vio la luz.

Nietzsche había trabajado en un ensayo que recibió el titulo provisional de *Ensayo para espíritus libres,* el cual era un desesperado intento para recuperar su identidad y deshacerse de una vez por todas de todas aquellas ideas que había recibido por herencia. Este proceso de liberación tenía una ambivalencia, ya que el filósofo había logrado encontrar un nuevo significado de la vida, mientras que el escritor se había topado con el medio perfecto para expresarse, una escritura basada en teoremas. Resulta innecesario remarcar que casi toda la obra de Nietzsche tiene tintes autobiográficos.

Esta nueva forma de contemplar la vida tiene sus bases en su amigo Paul Reé, quien en el año 1875, había logrado publicar su obra *Observaciones psicológicas;* este amigo de Friedrich poseía una revolucionaria visión, en la cual ensalzaba la jerarquía del egoísmo en la manera en la que el ser humano basa su comportamiento. Esta obra logró impresionar gratamente a Nietzsche, pero también recibió grandes influencias de pensadores franceses de la talla de Montaigne, Le Rochefoucauld, Le Bruyére, Chamfort y Stendhal. Fueron ellos modelos de un estilo corregido y claro, además de la expresión por medio de moralejas y teoremas, de la visión irónica y escéptica sin compromiso alguno.

Es posible considerar las anteriores obras de Nietzsche como un calentamiento para poder llegar al momento en el que se encontraba; con *Humano, demasiado humano,* Friedrich había logrado la madurez como filósofo y escritor, esta obra era en realidad un libro para espíritus libres de convencionalismos y racionalismos, pero en realidad lo que quería expresar era la celebración de su liberación de la pesada carga que Schopenhauer significaba para él, así como la metafísica y sus ideas estéticas, las cuales estaban ligadas directamente con la obra y persona de Richard Wagner. En esta obra se propone a sí mismo como un ejemplo de un espíritu libre al sacrificar todo en aras de la independencia.

En esta obra encontramos que las ideas de Nietzsche se han renovado, ya que anteriormente la influencia de la obra de Schopenhauer y Kant lo habían llevada a afirmar que el mundo no es como lo vemos, ya que nuestras visiones son una ilusión al igual que nuestras apreciaciones; no obstante, Nietzsche siempre tuvo la creencia de que la realidad tiene un significado mucho, pero mucho más profundo de lo que parece. Pero en estos momentos, se había producido un cambio y la realidad había dejado de ser lo que era para él, ahora afirmaba que la realidad no tiene un significado en sí, existe y vive, pero carece de un sentido constante a ella:

> "Es probable que podamos reconocer que el asunto en particular es bastante risible homéricamente hablando; en algún momento aparentó ser el todo, y en verdad está vacía, sin sentido alguno".

De la misma manera, un mundo metafísico también es inexistente, un motivo o razón escondido detrás de cada suceso o los fenómenos que nos rodean; hasta ahora nadie ha puesto reglas en lo que sucede en el mundo, es decir, nadie ha sentado las bases de qué puede pasar o por qué pasa cada acontecimiento de nuestra vida, aunque esto significa ir en contra del pensamiento cristiano al que Nietzsche despreciaba por considerarlo un lastre en el desarrollo del verdadero ser. Esto quería explicar que las malas acciones son llamadas así por su naturaleza y no por su reacción en el plano metafísico, y la bondad es una conveniencia:

> "Las malas acciones, todas y cada una de las malas, tienen su origen en el instinto de conservación, para expresarlo más claramente, las malas acciones tienen como objetivo buscar el placer y evitar el dolor; si esa fuera su motivación, no son en realidad malas; la perpetración del mal por el mal no existe más que en la mente de los filósofos, así como el placer por el placer tampoco existe.
>
> "La imposición va antes que la moralidad, la cual durante un lapso de tiempo es una imposición a la que el hombre se subyuga para evitar el dolor. Con el tiempo, ésta se torna una costumbre, luego una obediencia voluntaria, y al final es casi un instinto.
>
> "Entonces, como sucede con todo lo que nos resulta familiar y natural por grandes lapsos de tiempo, es relacionado con el placer, para convertirse en virtud".

Este ensayo echa por tierra el importante papel del arte en el desarrollo humano. En el capítulo cuatro de esta obra, el cual lleva el título *"Del alma de los artistas y escritores"*, Nietzsche se replantea antiguas teorías acerca de lo dionisiaco, que afirmaban que sólo el arte era capaz de eximir la vida. En este capítulo también se despide de manera definitiva de su amigo Wagner, y lo coloca en el periodo del decaimiento del arte:

"Rápidamente el artista es tomado como un recuerdo, así como un virtuoso desconocido en cuyas virtudes se apoyó el devenir de tiempos anteriores, se le brindan honores que no otorgamos tan fácilmente a nuestros semejantes. Tal vez, nuestras mejores virtudes tienen su origen en esos sentimientos de tiempos antiguos, a los que ahora nos es difícil acceder, ahora ya ha atardecido, pero aunque no podamos ver al sol, aun calienta e ilumina el cielo de nuestra existencia".

Es de hacer notar la creación de un nuevo Nietzsche, un filósofo antirracionalista que ahora aceptaba una tendencia racionalista, aunque un poco escéptica. Una vez que su visión sobre lo dionisiaco se derrumbó y desaparecieron las consecuencias metafísicas de los actos, surge un llamado a la libertad de la razón. El hombre en solitario consigo mismo sólo tiene un camino, el mismo que el peregrino que siempre se aleja del desierto de la realidad; es sólo esa travesía interminable la que sirve de garantía de la sinceridad del mundo y de la libertad.

En su metáfora 638, con la que concluye el primer volumen de la obra en cuestión, Nietzsche hace una descripción de este asunto con una grandeza literaria que preludia su obra *Zaratustra:*

"El viajero.- Aquel que no ha alcanzado totalmente la liberación de su razón, no es capaz de sentirse en este planeta otra cosa más que un viajero, no un viajero hacia un fin establecido, porque éste no existe. Pero desea contemplar y mantenerse atento para todo lo que acontece en el mundo; por lo que no le es posible aferrar su corazón a nada en particular; es imperioso que en el viajero se encuentre algo que sea propenso al cambio y a la terminación de los ciclos. Es claro que un hombre como éste pasará noches sin consuelo, en las que encontrará cerrada a tierra y lodo la puerta de la ciudad que habría de proporcionarle descanso; tal vez, al igual que en oriente, suceda que el desierto se encuentre hasta la misma puerta, y escuche el rugido de las fieras relativamente cerca, se desate un huracán repentino, o los bandidos le roben sus mulas.

"Entonces, la terrible oscuridad lo sorprenderá como si se tratara de otro desierto en el desierto, y en lo profundo de su alma sentirá el cansancio de su travesía. El amanecer le sonreirá, tan caliente como el Dios de la ira, las puertas de la ciudad se abrirán y podrá observar en los rostros de los que allí habitan tal vez aún más desierto, desperdicios, artificios e inseguridad que incluso ante las puertas, y el día resultará aún peor que la noche.

"Es posible que esto le suceda al viajero, pero después, llegan las recompensas, las mañanas plácidas de otros paisajes y días, en los que apenas amanece y contempla los cerros, los coros de musas que bailan junto a él, en los que después, cuando descansa tranquilamente bajo los árboles en comunión con el espíritu de la mañana, podrá observar la caída de cosas buenas y resplandecientes que le regalan los espíritus libres de la montaña, de los bosques y la soledad, que de igual manera que él, algunas veces alegre y reflexiva son viajeros y filósofos. Aquellos nacidos en los misterios de la mañana, piensan en cómo el día, entre las campanadas once y doce, puede brindar un rostro tan puro, tan transmutado, tan henchido de luz y alegría; debido a que están en la búsqueda de la filosofía de la mañana".

Según estas conclusiones, a la caída del arte le sigue el surgimiento de la filosofía, la cual tenía la finalidad de revertir todos los valores que hasta ese día seguían vigentes. *La miscelánea de opiniones y sentencias* y *El viajero y su sombra,* los cuales terminarían siendo un segundo volumen de *Humano, demasiado humano,* son en realidad más esquemáticos en cuanto al tema se refiere. Generalmente, las metáforas son mucho más breves y concretas, tales y como las que tratan acerca del cristianismo; pero sobre todo debemos hacer notar las continuas reiteraciones sobre los alemanes, su carácter, cualidades y vicios.

Esta obra sitúa a Nietzsche entre los críticos más duros de los alemanes en el siglo XIX, la mayoría de sus ideas aún resultan innovadoras y algunas son realmente impresionantes por sus tintes proféticos y su vigencia actual, tal es el caso de la metáfora 324 de la obra *Miscelánea de opiniones y sentencias:*

> "Un viajero extranjero que estaba en Alemania causaba agrado y desagrado por sus opiniones, según los territorios por los que atravesaba. Todos los ingeniosos suavos, decía, son coquetos. Pero los demás suavos sostenían la creencia de que Uhland era un poeta y Goethe era un inmoral. Lo mejor de las novelas alemanas que hoy están tan de moda, es que no es necesario leerlas, ya que desde antes las conocemos. El de Berlín se ve más cándido que el alemán sureño, como gusta de mofarse soporta de mejor manera la mofa, lo que no hacen los alemanes sureños.
>
> "El ingenio alemán es una decepción gracias a la cerveza y los periódicos: se les recomienda el té y pasquines, como remedio... los territorios más peligrosos de Alemania son Turingia y Sajonia, ya que en ningún otro lugar se puede encontrar más conocimiento y disposición de los hombres, así como libertad de pensamiento; todo esto se encuentra oculto bajo un lenguaje vulgar y el sumiso servilismo de sus habitantes, lo que disfraza a los

sargentos intelectuales de Alemania y sus maestros en el bien y el mal.

"La tendencia de servir de estos alemanes del norte, ejerce una represión sobre su arrogancia, así como la tendencia de los alemanes sureños a buscar la comodidad reprime la de ellos. Creía que los alemanes del sur tenían por esposas a unas amas de casa demasiado lerdas, pero que estaban seguras de lo que valían, solían hablar con tanta seguridad de sus personas que podrían llegar a convencer a cualquiera, pero sobre todo a sus maridos, de las virtudes que derramaban en sus hogares las amas de casa alemanas.

"Cuando se hablaba en referencia a la política exterior e interior de Alemania, el extranjero solía revelar —como él lo llamaba— que el estadista en jefe de Alemania no creía en los estadistas. Creía que el futuro alemán estaba seriamente comprometido y comprometiendo, pues habían olvidado la alegría (la cual conocen bien los italianos), y que aun así, se habían habituado al difícil juego de guerras y revoluciones hereditarias, por lo que en un día no muy lejano, entre ellos estallaría una insurrección. Ésta es la emoción más grande que un pueblo se puede otorgar.

"Por lo que el socialista alemán, decía, resulta el más peligroso de todos, ya que sus acciones no obedecen a una causa preestablecida; su dolor radica en no tener conocimiento de lo que desea, así que, sin importar lo que consiga, continuará disipándose de deseo aun cuando esté en un estado de placer, al igual que Fausto, pero seguramente uno muy vulgar. Porque Bismarck —finalmente exclamó— ha exorcizado al demonio de Fausto, el cual ha atormentado demasiado a los alemanes instruidos; pero el mismo demonio ha ocupado el cuerpo de todos los puercos y eso resulta peor que antes".

Esta obra no resultó un halago para nadie, y por lo tanto sus amigos no se multiplicaron, sino que más bien comenzaron a replantearse la amistad con el filósofo, ya que esta obra ponía en claro su rompimiento con Wagner, pero incluso su amigo Rohde le manifestó su completo y total desagrado con la obra, en la que el fiel amigo estaba contemplando a un Nietzsche que no conocía y el cual mostraba su rechazo. Rohde estaba molesto, pero lo que aumentó su molestia fue que la teoría de Nietzsche libraba al hombre de la responsabilidad de sus actos en un mundo completamente carente de sentido alguno:

> "Nadie podrá hacerme poner mi confianza en una doctrina como ésa; es imposible que alguien llegue a poner su confianza en ella, ni siquiera su autor..."

Aquellos cambios en su mente no habían pasado desapercibidos para Nietzsche, y aunque sus dolencias se encontraban en uno de los momentos más difíciles, Friedrich sentía que esta obra era el primer paso hacia su completa recuperación; en la edición de 1886, Nietzsche hace una completa recapitulación de este proceso. Las bondades de la libertad del espíritu al vivir según su propia experiencia y la voluntad de salud se levantan ante sí como las diferencias del camino en el caso del viajero en el desierto.

Nietzsche escribe su obra *Meditación sobre los prejuicios humanos,* la cual continúa íntegramente la forma literaria de la anterior, en ella la satisfacción de su nuevo estilo literario es completamente disfrutada, al mismo tiempo que el tema es pulido como se pule una piedra en bruto para resaltar su valor, ahora se le ha quitado la paja y se presenta con mayor convicción y frialdad, aunque sin añadirle nuevos elementos. Su tercer libro, con el mismo estilo y titulado *La gaya ciencia* puede ser ubicado en el mismo plano, ya que las tres obras tienen las mismas raíces; el material que había sido creado de manera independiente durante sus continuos viajes.

Sin embargo, al unir estos textos, tienen una característica en común, resultan demasiado monótonos en cuanto al tema se refiere, lo que los presenta como si no hubiera un orden de aparición entre sí y por lo tanto se pudiera evitar unos y leer los otros. Esta nueva obra viene a ser un preludio para la obra *Así habló Zaratustra,* la que se convertiría en la mejor y más representativa de sus obras. Para estos instantes, Nietzsche estaba plenamente seguro de que su salud se encontraba en camino a una completa recuperación, pero estaba equivocado.

Debemos recalcar que el fragmento que anteriormente le expusimos de El viajero, pareciera hablar de él y de todas las vicisitudes por las que pasaba cada vez que publicaba una de sus obras; todos tenían la aparente manía de destrozarlo, de atacar cada una de sus palabras, y esto en parte no se debe a algún tipo de mala fe, sino a lo revolucionario de sus teorías, ya que la mayoría estaban situadas en un contexto tradicional pero sin respetarlo, al contrario, en cada una de ellas se puede contemplar la lucha de su mente por ir más allá de los convencionalismos literarios de su época, y por lo tanto del racionalismo que tanto había combatido y que ahora aceptaba tan veladamente.

CAPÍTULO VIII

El preludio a Zaratustra

LA GESTACIÓN DE ZARATUSTRA

Para la primavera de 1880, Peter Gast acompaña a Nietzsche a la hermosa y romántica ciudad de Venecia, donde su salud mejora un poco y lentamente; en esa ciudad toma un descanso que aprovecha para dedicarse a la lectura de la obra *El fin del verano*, de Stiffer, pero la inactividad lo desespera demasiado y decide retomar sus estudios y obras con nuevos ánimos. En el mes de junio, época de intensos calores, viaja a Marienbad y después a Naumburgo para poder visitar a su madre y hermana, al finalizar la visita, decide viajar al sur, donde llega a Basilea y se encuentra con su amigo Overbeck; llega el mes de octubre y ahora se encuentra en el lago Maggiore, para después viajar a Génova en la última parte del viaje, y pasa el invierno en esta ciudad.

Es en esa localidad donde su salud sufre una recaída, y aunque en realidad estaba muy contento en ese lugar, pronto comenzaron los cambios climáticos y con la llegada del invierno se presentó un gran inconveniente, ya que los fríos eran realmente inmisericordes y en su habitación no había ni una sola estufa, y si a esto le sumamos unos incesantes dolores de cabeza, la situación era realmente terrible.

A pesar de todo, en enero del año 1881, logró terminar su obra *Aurora*, y en la primavera viaja en compañía de Gast a un balneario en la montaña en Vicenza; pero su salud no mostrará signos de recuperación hasta que llegue el verano, el cual pasa en Engadina. Un golpe de suerte lo llevó a encontrar el pueblo de Sils-María, localidad situada en el valle del Inn, el cual estaba rodeado de un hermoso valle alpino, por lo que este hermoso paisaje lo llevó a escribir a su amigo Peter:

"Este año ha sido benévolo conmigo por dos razones, las cuales ya he hecho mías y se han alojado en mi espíritu: la música y este paisaje. De ninguna manera es Suiza, ni Recoaro; es algo completamente diferente, mucho más mediterráneo. Sería necesario que viajara a las altiplanicies mexicanas en la vertiente del Pacífico para poder encontrar un paisaje ligeramente parecido, por ejemplo Oaxaca, no obstante la vegetación sería del tipo tropical. Que más da, me siento en comunión con Sils-María".

Nietzsche estaba extasiado bajo el influjo de un nuevo aire de entusiasmo, y escribe a su familia una carta en la que los tranquiliza y les comunica su estado anímico:

"Nadie será capaz de decir que estoy deprimido, me siento sano, y mi estado físico es casi el de un militar gracias a los continuos paseos; mi estómago y vientre han dejado de dar problemas. Mis nervios, a pesar de toda la actividad a la que los tengo sometidos, funcionan de maravilla".

Esta carta refleja un gran optimismo acerca de su salud, pero en realidad es exagerada, pues algunos días después, Friedrich escribió una carta a Overbeck en la que se queja profundamente acerca de su salud, le dice que está muy decepcionado por su salud, la cual se encuentra muy por debajo de sus expectativas:

"El tiempo de este lugar es en realidad muy raro, los cambios climáticos —que por cierto duran una eternidad— terminarán echándome de Europa. Si no llegan los meses enteros de días soleados, no lograré adelantar mi trabajo, pues en tres días he tenido más de seis ataques".

Como hemos podido constatar, Nietzsche escribía cartas con demasiada frecuencia, pero para ello solía utilizar una máquina de escribir, ya que debido a su defecto visual, para poder ver lo que escribía casi tenía que pegar su nariz al papel, pero incluso la dichosa máquina le traía problemas, lo que lo desesperaba, como lo comenta en una carta que le envió a Reé, en la que se despide anticipadamente y le hecha la culpa a un problema con la cinta.

En este poblado, Nietzsche es sorprendido por un repentino ataque de felicidad, ya que conoce a Spinoza, pero además, le llega la idea para una maravillosa obra basada en un retorno perenne, y de esta manera nace *Así habló Zuratustra.* En este poblado su persona se llena de una euforia como nunca había sentido antes y que lo llenaba de esperanzas acerca de su recuperación, sin embargo, no sabemos si en verdad se estaba recuperando o la enfermedad estaba retrocediendo para tomar impulso y acometer con mayor fuerza, así como tampoco sabemos si su intelecto había alcanzado una verdadera madurez o la excelente vida que estaba llevando en ese lugar casi mágico realizaba la mayoría de los milagros.

De cualquier manera durante este tiempo, Nietzsche no siente la ausencia de sus amigos e incluso le pide a Reé que no vaya, tras de una petición de éste para acompañarlo; su existencia se asemeja mucho a la de Zaratustra, se estaba gestando una transformación en su interior, se había convertido en una especie de ermitaño en una pequeña casa alejada de la población, cerca del bosque, la cual estaba rodeada por árboles que oscurecían la luz del sol, la que tanto mal le hacía a sus ojos; hemos de recordar que una de sus dolencias atacaba a sus ojos y le producía intensos dolores.

La vida que Friedrich llevaba en esa población era el estereotipo de la vida de un filósofo: tranquila y con mucho reposo, cuyo tiempo libre ocupaba en dar largos paseos alrededor del lago y el bosque y que en sus momentos de inspiración se entregaba con pasión a escribir. Es en este periodo cuando la leyenda del Nietzsche solitario comienza a fraguarse; pero las diferentes circunstancias de este tipo de vida no logran hacer que Friedrich establezca un sistema lógico, sino que más bien se mezclan entre sí para proporcionar un estado anímico bastante disperso y lleno de nostalgia, además de que los problemas de antaño regresaban a su vida.

En el invierno, cuando trabajaba en *La gaya ciencia,* mantiene el mismo estado anímico, aunque tiene grandes recaídas. En noviembre una obra le produce una gran emoción, se trata de *Carmen* de Bizet, y el día primero del año 1882, logra dar inicio al cuarto tomo de *La gaya ciencia,* la cual marcará en su final el encuentro con *Así Habló Zaratustra.* En el prólogo de esta obra podemos encontrar a un nuevo y renacido, filosóficamente hablando, Nietzsche.

Friedrich por fin ha logrado un estado de optimismo nunca antes sentido, pero que a la vez está muy lejos de ser lo que la palabra significa. Este año se le presenta una prueba por demás difícil y extraña, el amor.

CAPÍTULO IX

El amor

LOU ANDREAS SALOMÉ

Hemos decidido dedicar un capítulo especialmente a este tema, el amor, ya que Nietzsche nunca fue propenso a sentir algo por alguien que no fuera él mismo, y la aparición de esta mujer marcó un parteaguas en la vida del filósofo. La ocasión que más cerca estuvo de lograr una relación duradera con una mujer fue cuando por medio de una carta, le propuso matrimonio a la Srta. Mathilde Trampedach, quien fue golpeada por una carta ausente de cortesía y romanticismo, quizás le hubiera parecido mejor si en ella le hubiera propuesto la guerra a su país, en lugar de recibir una propuesta de matrimonio tan grotesca y cruda. Pero en fin, retomemos el tema de este capítulo y hablemos de cómo se produjo este encuentro.

Cuando llegaban los últimos días del mes de marzo del año 1882, Nietzsche sintió la urgente necesidad de viajar, por lo que en la ciudad de Génova tomó una embarcación con destino a Mesina, a su llegada se encontraba inmerso en un ataque de náuseas que no lo había dejado desde que pisó por primera vez ese barco; pero el lugar era sumamente hermoso y decidió quedarse por algún tiempo, pero en el mes de abril, un huracán le hizo cambiar de opinión, y aceptando una invitación de su amigo Paul Reé y la Srta. Meysenbug, decidió viajar a la ciudad de Roma.

En esa ciudad, sus amigos le presentaron a una nueva alumna, una mujer de origen ruso, su nombre era Lou Andreas Salomé, quien era extraordinariamente atractiva y su inteligencia opacaba su belleza. Ella fue la manzana de la discordia entre los dos amigos, ya que ambos se enamoraron de ella, pero esta vez, el compromiso que Nietzsche sentía era real y no sólo una atracción pasajera y sin interés, esta vez en verdad estaba enamorado.

En cuanto a la mujer rusa, Nietzsche le resultaba atractivo, pero no por su físico, sino por el aire de misterio que desprendía, no todos los días se conoce a un genio con fama de ermitaño; tiempo después recordaría con unas líneas aquella impresión:

"En nuestro primer encuentro, lo que más me atrajo era aquel aire de soledad que desprendía. Aquel que lo observaba de manera superficial no hubiera encontrado nada en su persona digno de llamar la atención, siempre estaba ataviado de manera conservadora y bien cuidada; de una estatura media, sus rasgos eran serenos y de cabello castaño siempre peinado hacia atrás.

"Sus labios eran casi cubiertos por un gran y bien recortado bigote, el cual lograba ocultar casi en su totalidad los rasgos bien definidos de su boca; su risa era delicada, hablaba de manera tranquila y reservada, su caminar revelaba un aire de preocupación y encorvaba ligeramente los hombros cuando lo hacía; si uno quisiera encontrarlo entre la multitud en verdad que debía esforzarse, porque lo caracterizaba la marginalidad y la soledad.

"Sus manos en verdad eran muy bellas y hermosamente formadas, tan era así, que solían atraer la atención de los demás, incluso él solía pensar que sus manos eran una especie de velada ventana hacia su alma, lo que resultaba similar a lo que pensaba de sus orejas, las cuales eran pequeñas y de una forma exquisita, solía decir que eran orejas para captar lo inaudito.

"Sus ojos eran sumamente expresivos y característicos. Aunque su miopía era severa, no tenían las frecuentes características de los miopes, como la mirada curiosa e insistente, más bien parecían los celosos cuidadores de un tesoro muy íntimo, de un mundo secreto y personal, al que ninguna mirada indiscreta podía tener acceso.

"Cuando se sentía interesado por la plática de alguna persona, develaba su intimidad, en sus ojos iba y venía una sobrecogedora luz; pero cuando su ánimo era triste, sus ojos dejaban ver una soledad lóbrega, casi una amenaza, como si viniera de las profundidades de sus abismos personales.

"Su comportamiento era casi hermético e impenetrable; aunque en la vida diaria era sumamente cortés y dulce, tanto o más que una mujer; además de una tranquilidad amable y perenne, tenía mucho aprecio por los modales refinados a los que daba una importancia extrema, pero ante todo, en él había un gusto exagerado por el disfraz, era como si un manto ocultara su vida interior, la cual nunca mostraba completamente.

"Recuerdo bien mi primer encuentro con él, se produjo en la basílica de San Pedro en Roma, sus refinados y sobresaltados modales me causaron mucho agrado y confusión. Pero esto tan sólo era un torpe disfraz de este solitario, una máscara tan falsa como la actitud del hombre que, después de dejar el desierto o la montaña, intenta mostrar un aire de mundano".

Era evidente la fascinación que Friedrich sentía por aquella mujer, la cual había aparecido en una etapa de su vida muy afortunada, pues había logrado terminar su obra *La gaya ciencia.* En su cabeza ya se dibujaba el esqueleto de *Así habló Zaratustra,* pero en esos momentos su mente estaba ocupada con otra idea, o debiéramos decir, persona. Esto es evidente, ya que había comentado que entre sus planes a corto plazo no estaba el volver a escribir, incluso planeaba volver a sus investigaciones.

El tiempo en Roma se fue como agua entre los dedos, y en el mes de mayo, viajó con Salomé, su madre y su amigo Reé a la ciudad de Lucerna, la cual le traía grandes recuerdos al filósofo. En compañía de su amada visitó la ciudad en la que tantas horas había pasado en casa de los Wagner, Tribschen, a la que abrumó con los recuerdos de los días que pasaba en la casa de los otrora sus amigos, también le habló acerca de su juventud y le planteó las teorías filosóficas que en su mente estaban tomando forma.

Lou Andreas inspiraba un extraño sentimiento a Nietzsche, un sentimiento que jamás había sentido, quería ansiosamente volver a unir los pedazos de su destrozada vida; estaba enamorado, sin dudas y completamente enamorado, en su mente comenzaban a pasearse de la misma manera que un par de enamorados, los pensamientos que esta hermosa emoción suele despertar, así como los planes que esto conlleva, pero esto lo llevaba a un predicamento, su timidez. Nietzsche nunca había logrado socializar con los demás hombres y mucho menos con mujeres.

Su desesperación lo llevó a pedirle a su amigo Paul Reé que lo ayudara a declararse, pero la propuesta fue mal recibida, ya que Lou Andreas la rechazó, sentía un gran afecto por el filósofo, pero éste no era lo suficientemente fuerte como para desear estar casada con él. Esto causó una situación sumamente tensa, propiciada por la incapacidad de Nietzsche para expresar con sinceridad sus sentimientos, además de que Paul también estaba enamorado de aquella mujer, lo que resultaba en una difícil complicación de todo.

Reé tampoco fue aceptado por Salomé, pero ahora su amigo había asumido otro papel, el cual resultaba sumamente molesto para Nietzsche, ahora Reé era su rival y lo peor de todo era que éste conocía a la perfección sus deseos más personales. A pesar de todo, Lou le aseguró a Nietzsche que su amistad seguiría siendo la misma, pero esto no ayudó en nada, ya que es sumamente difícil que una relación de este tipo funcione después de haber habido un interés romántico por lo menos de uno de ellos.

En el mes de julio, sus amigos y su hermana Elizabeth, quien estaba acompañada de Lou, se presentaron en Bayreuth para asistir al estreno de la obra *Parsifal,* pero la situación seguía igual. Mientras tanto, Nietzsche estaba en Tautenburg, y había logrado convencer a su hermana y a Salomé de que al término del festival se trasladaran a esa población para que lo visitaran, para él era completamente normal el no asistir al festival, pero no le era menos doloroso, ya que el círculo wagneriano significaba mucho para él y aunque había decidido autoexcluirse, la decisión no le había resultado fácil.

Su amor por Lou seguía presente, e incluso en una carta le dijo a su hermana que llegaría a tolerar la música de *Parsifal,* si tan sólo pudiera sentarse al lado de su amada y murmurarle cosas al oído. En una visita relámpago a Naumburgo, logró convencer a su hermana de prepararla para asistir a la citada obra y le comentó a su amigo Gast, que aunque le molestaba, se había dado cuenta de la gran analogía con Wagner. Todas las heridas emocionales que se había autoinfligido en Bayreuth, seguían abiertas y sangrando, lo cual estaba produciéndole gran dolor.

Su hermana y su amada por fin lo visitaron en Tautenburg, donde Nietzsche retomó las pláticas filosóficas con su alumna, en ella encontraba una comprensión y aceptación que lo tranquilizaba; durante estas pláticas ella le mostró un poema que había escrito, el cual causó una gran emoción en el filósofo, por lo que lo alababa con gran entusiasmo, tanto así que el mismo Gast pensaba que era una creación de su ahora rival.

La aparición de esta mujer fue para Nietzsche un sublime episodio en su vida, además de que sus sentimientos hacia ella seguían siendo enormes, pero para ella, la aparición de Nietzsche, tan sólo había significado una interesante experiencia en el plano espiritual, una amistad que le brindaba admiración y respeto. Esta amistad había causado un estado de celos en su hermana, quien estaba sumamente disgustada por la relación de su hermano y una mujer mucho menor y hermosa, esta emoción había tenido su origen mucho tiempo antes y ahora se había transformado en una rabia perversa.

Elizabeth puso en acción todas las armas que posee una mujer, los chismes intrigas y calumnias, las cuales llegaron a tal grado que ninguno de los dos pudo enfrentar, la mujer rusa estaba siendo víctima de la perversidad de la hermana de su maestro, y cuando ella se fue de la ciudad, el estallido de la guerra personal entre los dos hermanos fue inminente, la cual culminó con la separación de éste de su hermana y su madre.

Nietzsche había intentado no hacer caso a las intrigas de su hermana, pero no lo había logrado, por lo que en el mes de septiembre, se reunió por última vez con Reé y Salomé, pero ella le dijo a Friedrich que no había tanta diferencia de éste con su hermana cuando él comenzó a decirle muchas y desagradables cosas acerca de Reé. Su hermana veía con agrado la culminación de su plan, ya que a ella se debía que la amistad entre los tres amigos ahora se encontrara seriamente dañada.

Este molesto capítulo terminó con un intercambio de cartas que por más de un año sostuvieron Nietzsche y Reé; este intercambio de insultos y recriminaciones llegaría a su punto más álgido cuando Nietzsche terminó por

Elizabeth, la hermana de Nietzsche,
fue la causante de la separación
de éste y Lou Andreas;
él nunca se lo perdonaría.

desacreditar por medio de calumnias a sus dos amigos. Esta nueva separación le había dejado otra cicatriz en el alma y corazón, y por supuesto vino a ensanchar su ya terrible soledad, ahora ya no tenía a sus amigos, ni a su hermana.

Su hermana intentaba por todos los medios reconciliarse con Nietzsche, y aunque éste se resistía, al final ya no pudo más, la soledad que estaba experimentando le obligó a lograr una, por lo menos aparente reconciliación con Elizabeth, quien nunca volvería a tener la confianza de antaño de su hermano. Aunque ella contaba una historia completamente diferente, sólo hasta que murió en 1935, salieron a la luz sus intrigas y manipulaciones.

Lou Andreas Salomé, sin duda una gran decepción para Friedrich Nietzsche.

Este estado de preocupación y nervios lo llevó a viajar de nuevo a Génova y de allí a Rapallo donde pasó el invierno, donde su salud volvió a recaer, y así se lo hace saber a Gast, le habla acerca del peor invierno de su vida, en el que la tristeza y el insomnio lo molestaban continuamente. Esto parecía no tener fin, hasta que súbitamente la inspiración arribó y lo comenzó a llenar de nuevas ideas que lo obligan a dejar su inactividad y en tan sólo una semana y media logra escribir la primera parte de *Así habló Zaratustra.*

Las siguientes dos partes de esta obra fueron escritas bajo el mismo y frenético estado de ánimo y en un tiempo muy corto; la segunda parte fue escrita en junio y julio de 1883 en la hermosa población de Sils-María, mientras que la tercera fue escrita en junio y julio de 1884. La única parte que sufrió de múltiples complicaciones fue la cuarta y última, ya que viajó a diversas partes como Zurich, Mentone y Niza durante el invierno de 1884 y 1885.

CAPÍTULO X

Zaratustra

NACE ZARATUSTRA

En el año 1888, escribió su obra *Ecce Homo,* su gran y última obra autobiográfica, la cual concluyó antes de que la locura se instalara en su cabeza; en ella el filósofo nos da algunas pistas de cómo fue que nació *Así habló Zaratustra:*

> "La premisa de la obra, era en esencia el retorno perenne, fórmula más elevada de la afirmación que sea posible alcanzar, nació en el año 1881 a seis mil pies de altura y aún más alejada del hombre y tiempo. Sucedió mientras caminaba por el bosque de Silvaplana, cuando cerca de Surlei detuve mis pasos en la cercanía de un bloque de piedra con forma piramidal. En ese justo momento una idea llegó hasta mí. Si hago un análisis de los dos meses anteriores, encuentro en ellos señales iniciadoras tales como un repentino y decisivo cambio en mis preferencias musicales y estéticas.
>
> "Es tal vez la misma música la que preparó el terreno a este Zaratustra, es obvio que tenía que volver la mirada para volver a reconocer el arte, el cual era una previa estadía del proceso. En 1881, mientras me encontraba en Vicenza donde pasé la primavera en compañía de mi amigo y preceptor, Peter Gast, descubrí un síntoma del renacimiento, era el ave fénix de la música que sobre nosotros había pasado volando, su plumaje era el más delicado y brillante que jamás habíamos visto.

"Desde ese día, hasta que la idea dio a luz de forma inesperada en el mes de febrero de 1883 —cuando redacté el final en ese año, lo hice en la santísima hora en que Richard Wagner dejaba este mundo— habían pasado apenas dieciocho meses de gestación".

La creación de esta obra, la cual es considerada la obra maestra de Nietzsche, es una nueva y única obra en cuanto a la forma se refiere; en el contenido podemos apreciar un replanteamiento de los conceptos del pasado para lograr el aislamiento de dos principios básicos: el superhombre y la idea del retorno perenne, por lo que es erróneo tratar de aislar a esta obra de todas las anteriores, él mismo insistía en que sus anteriores escritos llevaban en sí la semilla de Zaratustra.

En su obra *La gaya ciencia* podemos encontrar la misma suposición de que Dios es tan sólo una suposición y los demás dioses están muertos, aunque se piensa que esta premisa aparece tan sólo en Zaratustra:

"El suceso más importante de nuestro tiempo —Dios está muerto y la fe en él es completamente increíble— comienza a posar sus sombras sobre Europa".

Es importante tomar en cuenta que el rol que Nietzsche asume con esta premisa es la de un simple estudioso, como si fuera un notario tomando nota de cuanto sucede en este mundo, pero de ninguna manera se atribuye el crédito de la misma, este error nace de las teorías de Bertram sobre los escritos de Nietzsche, en las que afirma que el filósofo era en realidad el asesino de Dios.

En esta obra cumbre de Nietzsche, podemos apreciar la perfección alcanzada en cuanto al lenguaje y forma se refiere, y aunque la obra está pensada como un ensayo de filosofía, su lenguaje se asemeja más a un poema. Este escrito, pletórico de metáforas es muy semejante a un tratado de teología, llegando a definirlo él mismo como "El quinto evangelio". Su nuevo pensamiento está encaminado a convertirse en una contrarreligión que toma su fuerza del enfrentamiento con el credo cristiano y termina augurando una nueva filosofía que sentará sus bases en lo dionisiaco.

Sus experiencias en la montaña y el mar aparecen en esta obra, aprovechando la misma para satisfacer su necesidad de comentar que había un paraíso sobre la tierra, que en realidad eran dos: la Alta Engadina y el cabo de Portofino, en la bahía de Rapallo. Esta magnífica obra no inicia abordando el tema del retorno perenne, aunque esa era una idea que había tomado por rehén la mente de Nietzsche, sino que aparece un nuevo y diferente tema:

> "Les enseño al superhombre. El hombre es algo que resulta imperioso superar y ¿qué han hecho ustedes para superarlo?... el superhombre es el sentido de la tierra, que su voluntad exclame ¡que el superhombre sea el sentido de la tierra!
>
> "¡Les hago una invitación a ustedes hermanos a brindar su fidelidad a la tierra y no creer en los que hablen de esperanzas más allá de ésta! Son dadores de veneno, ya sea que lo sepan o no.
>
> "Son los enemigos de la vida, son agónicos y envenenados de los que la tierra ya repudia; que se larguen de una vez por todas.
>
> "Antes la mayor ofensa para con Dios era la blasfemia, pero éste ha muerto y con él los que lo blasfemaban. Ahora lo más terrible es blasfemar de la tierra y escrutar las entrañas de lo inescrutable, poniendo más énfasis en ello que en el sentido de la tierra.
>
> "Antes el alma menospreciaba al cuerpo y este menosprecio era la conclusión de lo sublime: el alma desea-

ba un cuerpo esbelto, nauseabundo y desnutrido, porque de esta manera le resultaba mucho más fácil huir de éste y de la tierra.

"¿Qué es lo mejor que pueden sentir? La hora del gran menosprecio".

Esta obra autoproclamada como "El quinto evangelio" promete un reino de este mundo y sin importancia; ahora que Dios ha fallecido, el hombre debe poner todo su esfuerzo en superarse a sí mismo. Según estas líneas, ha llegado el momento en el cual el hombre debe levantarse por encima de sí, ya que la fortuna, la razón y la virtud son historia y no tienen valor alguno.

Esto sólo es factible por medio de la propia vida y sus manifestaciones, por lo que yendo contra la cristiandad, el escrito pone de manifiesto la urgencia de avivar el deseo por los placeres de la carne y la necesidad de tomar conciencia del cuerpo físico. Asimismo, niega y se rechaza la forma de la raza humana actual, ya que como el hombre dionisiaco no ha aparecido en ningún lado, brinda las bases para el pesimismo de Zaratustra, pues su detracción se debe a la esperanza de un futuro.

Las verdaderas cualidades del superhombre residen en el guerrero y el soldado. El sabio que sigue buscando más saber, un solitario poco sociable y sensible (al igual que él) y la naturaleza que con toda su intensidad aún posee la fuerza necesaria para dominarse a sí misma, eso de ninguna manera representa al superhombre, de hecho es el polo opuesto. Es en este periodo cuando Nietzsche toma conciencia del verdadero poder intrínseco en la disciplina; es curioso que el mismo hombre que prefirió alejarse de su hermana por no poder enfrentarla, y cuya carrera militar fuera sólo una breve ensoñación, él, que nunca fue correspondido por un amor sincero sea el origen de Zaratustra:

"La educación de los hombres debe ser desde pequeños, la del guerrero; todo lo demás es simplemente una imprudencia".

Es muy posible que la creación de esta obra obedezca a la necesidad de Nietzsche de convencerse a sí mismo, él quien es el mejor ejemplo de la complicada existencia de un artista, como tan despectivamente llamara a Wagner. Pero este mismo hombre, tan insignificante en varios aspectos de su vida y tan agigantado en otros, fue el creador de una de las obras más bellas e importantes de toda la literatura alemana.

La forma del lenguaje que Nietzsche adopta para esta obra es sumamente fina, esto se debe al carácter casi sacro que desea darle a su visión del superhombre, lo cual consigue gracias a los conocimientos que adquirió cuando dedicaba sus estudios a los griegos, de donde tomó un gran gusto por la belleza, la estética y lo refinado de las formas físicas y literarias. La idea del superhombre tiene sus orígenes en lo apolíneo, ya que establece que el nuevo hombre debe ser de elite, poderoso y lleno de vida, pero sobre todas las cosas, debe ser generoso.

Es hasta la tercera parte de Zaratustra donde Nietzsche aborda y expone su premisa del retorno perenne, la cual presenta como una teología, la misma idea que en 1881 llegó a su mente con una velocidad y claridad digna de un meteoro mientras paseaba en Sils-María; pero el desarrollo de la misma era mucho más complicado de lo que esperaba, por lo que al término de su anterior obra *La gaya ciencia*, Nietzsche había expresado su deseo de iniciar una nueva serie de estudios; es muy probable que sus esfuerzos se fueran a basar en la dilucidación de esta máxima.

Durante el desarrollo de esta parte de su obra podemos entender que tuvo que recurrir a los trabajos de Hegel, ya que sus dos teorías, la del superhombre y la del retorno perenne se hacen una sola en la contradicción. El retorno se caracteriza por la oportunidad de lograr la superación de la vida y el mundo, por lo que de cierta manera, él mismo se nutre. Y así queda demostrado que todo aquello que termina su ciclo permanece como una reserva para el futuro. Esto deriva en que la soltura de Zaratustra de sacrificarse a sí mismo es todo un éxito.

El verdadero final de esta obra se encuentra en la tercera parte, tal y como el filósofo lo había planeado, pero durante el desarrollo de la misma, su pasión creativa y el irrefrenable ritmo de trabajo que sostenía lo hicieron cambiar de opinión, fue como si necesitara desahogar su mente de toda la presión que el exceso de pensamientos le provocaba, así que planeó la cuarta parte, la cual apareció en una edición limitada en 1885. Esta cuarta y última parte sólo pudo ser puesta al alcance del resto de la población cuando aconteció el deceso de su autor.

Esto se debió en gran parte a las desavenencias que tenía con su editor, ya que *El gran mediodía* con la que daría el cierre a su obra nunca podría ser terminada. Pero la tercera parte trajo un nuevo sentimiento a la vida del escritor, ya que sentía un valor por sí mismo que nunca había experimentado y que en una carta dirigida a su amigo Gast, pone de manifiesto:

> "Tengo la creencia de que con la creación de Zaratustra, he logrado llevar a la lengua alemana hasta su pináculo. Después de Lutero y Goethe era necesario ir mas allá, y yo lo he hecho; si no fuera así, mi amigo del alma, haz un sondeo de si alguna vez nuestro idioma ha reunido de manera tan cercana a la fuerza, la plasticidad y la armonía".

En esta carta, Nietzsche es poco modesto y hasta exagerado en cuanto a las alabanzas hacia su persona se refiere, y con éstas comienza su propia glorificación en medio de la cual afirma que con sus propias alas, viajará a su propio cielo, lo cual se interpreta como la desesperada huida de una vida que en la tierra resultó un fracaso en lo personal.

EL AMARGO SABOR DE LA ADVERSIDAD

Mientras Nietzsche terminaba de pulir su obra, la vida se complicó un poco más que lo de costumbre, pues su salud estaba significando un problema de nueva cuenta y su entorno le resultaba desagradable y sofocante, además de que la publicación de su libro se volvía a retrasar, ya que Schmeitzer, su editor, tenía pocas esperanzas en el trabajo del filósofo, pensaba que el éxito del libro no iba a ser ni siquiera mediocre, pero al final, aunque con desagrado, terminó publicándolo. En 1885, y con el fin de ya no tener problemas con su editor, Nietzsche sufragó el costo de impresión de 40 ejemplares de la cuarta parte.

Los conflictos seguían presentes en su vida: el barón Heinrich optó por alejarse de él, al no perdonarle que sus ideas siguieran guardando relación con Wagner; su hermana y madre seguían dándole dolores de cabeza y los escasos intentos de acercamiento sólo le traían más preocupaciones. Este estado de tensión entre él y su hermana y madre lo hacía sumamente infeliz, y más tarde se lo comentaría a Overbeck en una carta:

> "Debo confesar que no me agrada mi madre, y cada vez que escucho la voz de mi hermana me chillan los oídos, además de que siempre que he estado con ellas termino cayendo enfermo".

Y un año más tarde de esa primera carta volvería a tocar el tema:

> "Es imperioso que de una vez por todas me quite de encima este fastidioso asunto de mi familia; por más de dos años he intentado la reconciliación y calmar los ánimos, pero mis esfuerzos siempre han sido en vano".

Durante el verano de 1883, su madre y hermana le insistieron hasta el fastidio que regresara a tomar su cátedra en la Universidad de Basilea, y Nietzsche se había dejado manipular por ellas como en tantas ocasiones lo había hecho, pero sus sondeos se volcaron sobre Leipzig, y la realidad iba a ser muy diferente de lo que él esperaba, ya que sus propuestas fueron rechazadas por esta universidad, por lo que escribió una carta a su amigo Peter Gast, en la que le relataba lo que había sucedido:

> "El actual director de la Universidad de Leipzig, Heinze, me contestó que mi deseo de ingresar al cuerpo docente de dicha universidad no tenía futuro y que probablemente ninguna universidad de Alemania me aceptaría, ya que la facultad, basándose en mis opiniones con respecto al cristianismo y Dios, no se atreve a ofrecerme el puesto. ¡Genial! Ya que esto me hace tomar conciencia nuevamente de mi propio valor".

Pero detrás de este nuevo rechazo y de su aparente ecuanimidad, acechaba una nueva complicación, la cual le causó un gran enojo, se trataba del compromiso matrimonial de su hermana con Bernhard Förster, un maestro berlinés de extracción wagneriana que manifestaba su predilección por el antisemitismo y que había sido forzado a renunciar a su trabajo gracias a que estaba involucrado en actividades políticas de gran agitación. El enojo de Nietzsche se convirtió en furia cuando se enteró que el novio de su hermana había tomado parte activa en las calumnias e intrigas de ésta en contra de Lou Andreas.

Por mucho tiempo, Elizabeth se empeñó en hacer creer a todo el mundo que el odio de su hermano fue tan sólo pasajero, pues nueve meses después de la boda, los ahora Föster, viajaban a Paraguay para vivir en ese país, pues Bernhard tenía la creencia de convertirse en un colonizador alemán. Pero se ha logrado demostrar que Elizabeth falsificó las cartas que según ella le había escrito su hermano acerca de ese espinoso asunto.

Sin embargo, Nietzsche tomaba el tema con una vista autónoma, crítica y soberbia. En todas sus obras se manifiesta una actitud respetuosa acerca del judaísmo y sus creyentes, y aunque también se encuentran indicios de fascismo, los cuales desempeñaron un importante papel en esta doctrina política, nunca se declaró antisemita. El matrimonio de su hermana con un hombre como lo era su ahora esposo, causó en el filósofo una herida en el alma, lo cual manifestaba en sus cartas a sus amigos, pero en especial podemos citar la última línea de una carta que envió a Overbeck:

"Todos los antisemitas deberían ser eliminados".

La relación con su hermana ha sido motivo de grandes investigaciones, las cuales arrojaron la propensión de ésta por malversar y falsificar las cartas de su hermano para aparecer ante el mundo como una víctima de las circunstancias, como una simple pieza de ajedrez que su hermano manejaba a su antojo para bien o para mal, pero al estudiar la vida de este gran filósofo nos hemos podido dar cuenta de que Nietzsche era un hombre sumamente débil en algunos aspectos y con algunas personas, entre esas personas podemos contar a su madre y hermana, quienes se dedicaron a hacerle imposible la vida durante lo últimos años de su vida.

CAPÍTULO XI

Cerca del final

EL DESEQUILIBRIO

En el periodo que precede a la enfermedad mental y muerte de Nietzsche no sucede nada realmente de importancia, para entonces tenía perfectamente estructurada su vida, la cual transcurría entre Sils-María, Niza, Italia y Turín. Esta etapa también tiene sus distanciamientos, ya que se aleja de su amigo Gast, a quien trataba de influir en su desarrollo y creatividad musical. No obstante, sus desavenencias con Rohde resultan mucho más significativas, ya que acontecen sin causa o motivo aparente, y que pueden ser consideradas como el anuncio de su desequilibrio mental y soledad.

Deussen visita a Nietzsche en Sils-María en compañía de su esposa durante el mes de septiembre de 1887, después de haber obtenido la cátedra de filosofía. Friedrich escribiría un relato de esta entretenida visita a su amigo Gast, además le comentó que Deussen le había hecho un dibujo a pluma; en sus memorias, éste último haría un recuento sobre el estado e impresión que le causó volver a ver a su amigo:

> "En una maravillosa mañana de otoño, cerca de Chiavenna, mi esposa y yo cruzamos el puerto de Maloja y repentinamente, ante nuestros ojos surgió la población de Sils-María. Al legar, mi corazón rebotaba dentro de mi pecho por la emoción, así que corrí y me lancé en un fraternal y emocionado abrazo a mi amigo, al cual hacia

más de catorce años que no veía. Pero el Nietzsche que vi era muy distinto al que yo conocía.

"Aquel hombre de larga zancada y grácil hablar había desaparecido para dejar en su lugar a un hombre que caminaba con dificultad y de porte arqueado, cuyo hablar era profundamente difícil y sus palabras torpes y atropelladas, quizás sólo se deba a que lo encontré en uno de sus días poco favorables. Se dirigió a mí como 'querido amigo' y me dijo que si sobre la cabeza no tenía un cielo limpio, me resultaría imposible acomodar mis pensamientos, mientras miraba con melancolía las nubes que cruzaban el cielo.

"Acto seguido me llevó a sus lugares favoritos. Todavía recuerdo con gran emoción, una pradera que se encuentra al borde de un precipicio, en cuyo fondo se lograba escuchar con suma fuerza un arroyo de montaña y del cual me dijo que era su lugar favorito: 'suelo acomodarme en el pasto y nacen en mí mejores pensamientos'. Mi esposa y yo optamos por hospedarnos en un hotel que resultaba muy práctico, pues estaba a muy poca distancia del restaurante que Friedrich solía frecuentar para tomar el almuerzo.

"Cuando nosotros nos retirábamos después del almuerzo, por lo general una hora o poco más, apenas había pasado el tiempo cuando Nietzsche aparecía de nueva cuenta en nuestra puerta, con la pregunta sutil acerca de si estábamos cansados o no. Esto resulta particularmente importante si tomamos en cuenta que Friedrich solía ser un poco despreocupado y no era capaz de tener una atención y consideración de esta magnitud.

"Al otro día, por la mañana, me llevó a su escondite, su casa, según sus propias palabras, era nada más una habitación sencilla en una modesta casa de campo, la cual estaba a tan sólo tres minutos de la carretera. Friedrich había alquilado aquella pequeña casa por la cantidad de un franco diario y por toda la temporada. Los muebles eran sumamente modestos, entre los que podía reconocer sus libros, viejos conocidos a los que yo tan bien recordaba, además de una austera mesa que se encontraba en desorden; sobre el piso se encontraban sus botas y un poco más allá, la cama deshecha.

"Todo esto indicaba las negligentes costumbres de un hombre con pocas aspiraciones en lo material y el cual se sentía satisfecho con cualquier cosa. Una vez llegada la tarde, nos fue necesario regresar y Friedrich nos acompañó al poblado más cercano, el cual estaba a una hora de camino. Cuando llegamos, Nietzsche me comentó las terribles sospechas que lo aquejaban y que, desafortunadamente, se cumplirían más pronto de lo que esperábamos. Cuando nos despedimos, Friedrich tenía los ojos llenos de lágrimas, era la primera y última vez que lo vería llorar".

Paul Deussen sería su amigo hasta la muerte del filósofo.

SUS ÚLTIMAS OBRAS

Nietzsche escribió varias obras en los últimos cuatro años de su vida, las cuales fueron: *Más allá del bien y del mal (1886), Genealogía de la moral (1887), El caso Wagner, Ditirambos dionisiacos, El crepúsculo de los ídolos, El anticristo, Ecce homo,* y *Nietzsche contra Wagner,* ésta última fue escrita un año antes de su caída. Pero sin duda, la obra más polémica que todas las anteriores fue *La voluntad del poder.*

Esta obra se debió de haber conformado de todos los escritos que realizara el autor antes de morir, y los cuales fueron editados y compilados según el criterio de su hermana, quien con motivo de una edición de esta obra en 1906, declaró que su hermano había terminado la concepción general de la misma en 1888. Esta obra, tal y como la conocemos, está muy distante de la línea que seguían los anteriores trabajos del filósofo, además de que al terminar la tercera parte de Zaratustra, le había comentado a su amigo Gast que deseaba entregarse al desarrollo de una nueva obra "que lograra resumir mi filosofía, pero en este momento este asunto está bien y promete mucho".

Pero la idea básica de esta obra no es la que en nuestros días conocemos, es más, resulta difícil creer que Nietzsche la hubiera titulado *La voluntad del poder,* aunque es plenamente sabido que sus obras póstumas fueron editadas sin mucho cuidado. Schlechta, un investigador que ha logrado esclarecer muchas de las falsificaciones de la aprovechada hermana del filósofo, dirige la culpabilidad a nadie más que a ésta, al mismo tiempo que otro investigador de nombre Erich F. Podach afirma que los catedráticos alemanes son los culpables, ya que por décadas permitieron que sus escritos póstumos fueran manoseados sin miramientos.

El investigador Karl Schlechta se dedicó a reordenar los escritos de la década de los ochenta, realizando la publicación de las obras completas de Nietzsche, repudiando el título de *La voluntad del poder* y evitando cualquier influencia en la estructuración si ésta no provenía directamente de la mano del filósofo, teniendo en cuenta principios muy claros desde el punto de vista filológico, pero otros investigadores como Karl Löwith, se han opuesto a este trabajo. Sin embargo, es triste que una obra cuya influencia en el desarrollo del pensamiento ha sido muy significativa, ahora se halla dividida en metáforas sin hilación alguna.

Pero la labor de Karl Schlechta es realmente encomiable y significativa, pues no fue él quien hizo pedazos la obra de Nietzsche, sino quien logró liberar a sus obras de las necedades de los editores que anteriormente las habían mutilado y escarnecido.

CAPÍTULO XII

El final

LA HORA DE SU MUERTE

En el año 1889, el día 3 del mes de enero, Nietzsche escribió tres cartas, una de ellas plantea que su obra *Ditirambos dionisiacos* fue terminada por un cierto bufón divino. Esta obra comprende poemas que había escrito desde 1884 hasta 1888, a los cuales había entregado sus esfuerzos para pulirlos y terminar de darles forma.

Estos poemas hacen referencia de la relación de amistad entre su persona y la esposa de Wagner, Cosima, quien es mencionada bajo el seudónimo de Ariadna, lo que muestra el estado anímico en el que se encontraba en lo referente a sus antiguos amigos de Bayreuth; quizá el más descriptivo de este estado es el poema *La lamentación de Ariadna:*

¡No!
¡Regresa!
Con todos tus tormentos, ¡pero regresa!
Son mis lágrimas un río
que corre hacia ti;
acelera el corazón sus últimas
brasas para ti.
¡Ay! ¡Regresa
tú, mi desconocido Dios! ¡Mi padecimiento!
¡Mi futura felicidad!

Estos poemas no tienen la calidad que se les ha querido atribuir, pero su importancia reside en que nos muestran el sufrimiento que invadía al filósofo durante sus últimos días; por más que intentó evitarlo, nunca lo logró, sin embargo en Dionisios encontró un rescoldo donde pudo mantenerse a salvo de las críticas:

"Dionisios contra el crucificado: esa es la Bifurcación. El primer camino lleva a una existencia santa; el segundo plantea la existencia lo suficientemente santa como para justificar el sufrimiento. La persona trágica prefiere enfrentar al dolor más fuerte, porque es suficientemente fuerte e íntegra para soportarlo.

"El cristiano se niega la felicidad en la tierra: es débil, pobre y miserable para soportar la vida como quiera que se presente. El crucificado es una maldición contra la vida, un aviso para deshacerse de él; Dionisios desmembrado, es en sí una promesa de vida, ya que muere para renacer y volver a morir".

El año 1888 es el que marca el inicio de su locura, pero en ese mismo año Nietzsche vuelve a trabajar y enfrenta un nuevo deseo creativo; había pasado el invierno en la ciudad de Niza y el día 5 de abril llegó a Turín, ciudad que le impresionó tan gratamente que en una carta a su madre la llamó como una gran oferta para él. A la alegría que experimentaba por su estancia en esa ciudad, se le añadió una noticia muy buena, y es que el filósofo Georg Brandes iba a realizar unos cursos sobre Nietzsche en la Universidad de Copenhague.

La noticia de los cursos era música para sus oídos, pero era la señal de que la fama que ahora llegaba no iba a poder gozarla, pues la muerte lo sorprendería antes de lograr ver como el mundo le rendía homenaje a sus obras, ya que su salud volvería a recaer. Su estado de ánimo general era más bien melancólico casi todo el tiempo; a excepción de los "ataques" creativos que experimentaba, el resto del tiempo se sentía miserable y sin ilusión alguna.

LA DEMENCIA HACE SU APARICIÓN

Ese mismo año viajó a Sils-María y de allí a Turín en el mes de septiembre; en los meses que le siguieron trabajó arduamente en sus escritos, pero los cambios sicológicos ya se estaban gestando y se notaban en su trabajo, además de que su autoestima estaba tomando tintes muy por encima de la realidad. No existen indicios de esto, pero se cree que entre la navidad de 1888 y la primera semana del año siguiente, la enfermedad se manifiesta con toda su intensidad, y comienza su desvarío, esto lo podemos apreciar en una misiva que recibe su amigo Overbeck y en la cual le anuncia su decisión de manejar él mismo la política mundial:

> "Me encuentro trabajando en mi primer memorando para las cortes europeas, para que en conjunto formemos una liga antialemana. Deseo aislar al imperio en una camisa de hierro y forzarlo a una pelea exasperada. La libertad total no será mía hasta que no tenga en mis manos al joven emperador con todas sus virtudes".

En el día de San Silvestre le respondió una postal a su entrañable amigo Peter Gast; en sus líneas ya asoma la locura de forma más definitiva:

> "¡Oh, amigo mío!¡Qué momento! Cuando me llegó su postal, que hice...Se trataba del famoso Rubicón... He olvidado mi dirección, pero que le parece si acordamos que sea, por lo menos, el Palazzo del Quirinale".

El 4 de enero del año siguiente escribió una postal que resulta por lo más ilustrativa, estaba adoptando una personalidad demente, sus actos comenzaban a carecer de sentido:

> "A mi maestro Pietro:
>
> "Entona para mí, una nueva melodía: el mundo está transfigurado y los cielos se alegran.
>
> "El crucificado".

SU MUERTE

Esta postal marcaba el punto más álgido de su delirio, pero el estado final lo alcanzó el 3 de enero, cuando caminaba por la Piazza Carlo Alberto de Turín; durante su recorrido vio a un cochero que maltrataba a su caballo, por lo que corrió y se lanzó en un abrazo sobre el cuello del animal, y dando fuertes gritos de dolor, lloraba para después caer desmayado. Este estado mental de su amigo, logró preocupar a Overbeck, por lo que pasó a buscarlo y lo llevó a una clínica para enfermos mentales; cuando el médico lo examinó, anotó en su reporte:

> "Sus pupilas son diferentes, la del lado derecho es más grande que la izquierda y ambas reaccionan muy lentamente a los estímulos. *Strabismus convergens*. Severa miopía. Lengua sucia; no manifiesta desvío, ni estremecimientos. Innervación facial poco alterada; los reflejos de los ojos son intensos; no tiene conciencia de estar enfermo, al contrario, se siente sano y lleno de alegría.
>
> "Ha dicho que debía estar enfermo desde hace ocho días y que ha padecido intensos dolores de cabeza. El paciente expresa haber experimentado ataques en los que siente una extraña exacerbación y salud, durante este estado dijo sentir ganas de besar a todas las personas que pasaban por la calle y de trepar a las paredes".

Fue hasta mediados de este mes cuando Overbeck y su madre pasaron por él y comenzaron su viaje hacia Jena, con la finalidad de recluirlo en la clínica del Prof. Binswagner.

El diagnóstico del médico de Basilea decía que sufría de Parálisis progresiva. El estado mental de Nietzsche se fue deteriorando rápidamente, al mismo tiempo que sus desvaríos aparecían y desaparecían con intervalos irregulares. En 1820, su madre logró que le permitieran llevárselo con ella a su hogar; para este tiempo la señora ya radicaba en Jena.

Deussen visitó por última vez a Nietzsche el día 15 de octubre de 1894, en ese día cumplía cincuenta años, y en sus memorias anota el encuentro de la siguiente manera:

> "Mi llegada se produjo por la mañana, muy temprano, ya que mi estancia no podía ser muy prolongada. Su madre lo condujo a la habitación, yo lo felicité por su cumpleaños y le di un ramo de flores. Él no logró entender ni una palabra de todo lo que le dije. Las flores parecieron llamar su atención un poco, pero después, casi inmediatamente las volvió a ignorar".

El deplorable estado mental de Nietzsche duró poco más de diez años. Cuando su madre falleció en 1897, su hermana fue la que tomó la estafeta y se dedicó a cuidarlo; ahora que había enviudado en Paraguay donde vivía con su marido, tenía mucho tiempo libre.

Elizabeth había fijado su residencia en Weimar, donde además de cuidar a Friedrich, dedicaba su tiempo a la recopilación y organización de todas las anotaciones de su brillante hermano. Todavía estaba vivo Nietzsche, cuando su hermana se dedicó a la falsificación de la que hemos hablado en capítulos anteriores y la cual ayudó a dar origen al mito de Nietzsche.

Nietzsche nunca se percató de las actividades de su hermana, y su muerte se produjo el 25 de agosto de 1900; sus restos fueron depositados en la misma tumba que su padre en el cementerio de Röcken. Algunos años después de su deceso, la fama de Nietzsche se había logrado extender a todo el mundo. Sus obras eran leídas en todos los idiomas y sus ideas tomaron un carácter universal.

Aquella mente inquieta y atormentada había terminado por enloquecer, había sucumbido al dolor de todas sus tragedias personales, los rechazos amorosos, las detracciones a sus obras, las amistades incomprendidas y sobre todo, la presión mental a la que estaba sometido durante sus procesos creativos. Por fin había logrado descansar de tanto sufrimiento, el cual en su mayoría se había autoinfligido; había optado por intentar integrarse a una sociedad que no lo comprendía y que en esos momentos guardaba luto a una de las mentes más creativas y agudas de todos los tiempos.

Afortunadamente, varios investigadores han logrado descubrir las manipulaciones que han sufrido los textos de Nietzsche y han rescatado una gran parte de su obra, sin hacerle perder el sentido. Esto logró proteger el legado del filósofo, que casi se perdió por la edición desinteresada y sin intención de los editores que manipulados y supervisados por Elizabeth, habían compilado los textos, sobre todo en la obra erróneamente titulada *La voluntad del poder.*

Con este rescate se puede considerar un renacimiento del filósofo, una especie de resurrección, a la que gracias a sus obras podemos asistir todos los elegidos por nuestra propia conciencia e interés por la filosofía, perpetuando de esta manera el recuerdo y la leyenda de Friedrich Nietzsche.

Nietzsche y su madre, poco antes de que fuera internado en el hospital debido al grave deterioro de su salud.

Cronología

1844	Nace en Röcken, un poblado cerca de Sajonia, hijo de un pastor protestante, el niño Friedrich Nietzsche.
1849	Su padre muere a causa de una caída de una escalera, el día 30 de julio.
1850	La familia se traslada a Naumburgo y durante esta etapa Nietzsche vive en un ambiente regido totalmente por mujeres.
1850-1854	Es inscrito en la escuela elemental de Naumburgo.
1864	Ingresa como becario en la prestigiosa escuela de Pforta, donde adquiere las bases de su futuro pensamiento científico, además de dominar el latín y el griego. Conoce a su amigo Paul Deussen. Ingresa a la Universidad de Bonn, donde comienza sus estudios de filología y teología, pero se marcha de ésta debido a varios conflictos del personal docente. Es acogido bajo la protección del Prof. Ritschl, quien sería su mentor por mucho tiempo.
1865	Se inscribe en la Universidad de Bonn, mientras su madre lo presiona para que adopte la carrera religiosa tal como su padre y abuelo.
1866	Sigue al Prof. Ritschl a la Universidad de Leipzig, y entabla amistad con Erwin Rohde. Cuando estalla la guerra Austria-Prusia se alista en el ejército.

1867 Su carrera militar se ve interrumpida por un accidente, se había caído de un caballo y se lastimó severamente el pecho, por lo que fue liberado del servicio por enfermedad. Despierta su interés por la filosofía gracias a la influencia de la obra de Schopenhauer.

1868 Se produce su primer encuentro con el que será su amigo por mucho tiempo, el músico Richard Wagner.

1869 Antes de obtener su título profesional, le ofrecen una cátedra de filología en la Universidad de Basilea, donde trabajará por más de diez años, durante los cuales su reputación es destruida. Le es otorgado el título profesional sin necesidad de presentar el examen. Comienza la amistad con Burckhardt, Overbeck, Paul Reé y el músico Peter Gast. Escribe la obra *El origen de la tragedia,* la cual le ocasiona más sinsabores que alegrías, ya que es repudiada por los filólogos.

1870 Comienza la guerra franco-prusiana y se alista como enfermero, pero graves enfermedades lo hacen regresar a Basilea; estas enfermedades dejarán huella en su vida, haciéndole padecer dolores por el resto de sus días.

1872 Las interminables visitas a los Wagner se ven interrumpidas por la partida de éstos a Bayreuth; mientras que Nietzsche permanece en Basilea bajo los cuidados de su hermana, su salud empieza a decaer. Comienza a dar pláticas acerca del futuro de los centros docentes. Colocación de la primera piedra del festival de Bayreuth, donde se encuentra con el músico Wagner.

1873 Escribe la primera y segunda de sus *Consideraciones inactuales,* y pasa un año sin dar clases debido a problemas de salud. Escribe la obra *La filosofía en la época trágica de los griegos.*

1874 Escribe la tercera de sus *Consideraciones inactuales.* Pasa el verano en Steinahab. Pasa el invierno en Sorrento con Paul Reé. Tiene diferencias con Wagner por el regreso de éste al cristianismo.

1875 Escribe la última de sus *Consideraciones inactuales.*

1876 Nietzsche y Wagner se ven por última vez en Sorrento. Finaliza la primera parte de su obra *Humano, demasiado humano,* en la que lanza velados ataques a Wagner.

1878 Wagner envía una copia de su obra *Parsifal,* a lo que éste respondió al enviarle una copia de *Humano, demasiado humano.*

1879 Su salud se deteriora al grado de tener que abandonar su cátedra en la Universidad de Basilea y ésta le concede una pensión anual que le permite dedicarse en cuerpo y alma a escribir. Pasa el invierno en Saint Moritz. Comienza una etapa de viajes en búsqueda de una mejoría en su salud.

1880 Escribe la segunda parte de *Humano, demasiado humano* y *El viajero y su sombra.* Viaja a Génova, Marienbad y Venecia donde lo acompaña su amigo Peter Gast.

1881 Escribe sus obras *Aurora* y *Meditación sobre los prejuicios humanos.* Conoce la población de Sils-María, donde lo asalta la idea de Zaratustra y el concepto del retorno perenne.

1882 En un profundo aislamiento escribe la obra *La gaya ciencia,* donde expone por primera vez la idea de la muerte de Dios y el retorno perenne. Comienza una transformación de sus valores, la cual duraría hasta 1888. Inicia la amistad que terminaría en un enamoramiento mal correspondido con la rusa, Lou Andreas Salomé.

1883 Comienza la elaboración de la primera parte de *Así habló Zaratustra.* Durante el verano escribe la segunda parte en Roma y Sils-María.

1884 En enero escribe la tercera parte de Zaratustra. En Menton y Niza escribe la cuarta parte de esta obra.

1885 Escribe su obra *Más allá del bien y del mal.* Su hermana contrae matrimonio y se traslada a Paraguay. Escribe varios ensayos fragmentarios que tiempo después serían manipulados por su hermana y publicados bajo el título de *La Voluntad del poder.*

1886 Se encuentra con su amigo Rohde en Leipzig.

1887 Escribe *La genealogía de la moral,* obra en la que ataca a la moral y a la religión.

1888 Es asaltado por un impulso creativo irrefrenable por el que escribe varias obras: *El caso Wagner, Ditirambos dionisiacos, El crepúsculo de los ídolos, El anticristo, Ecce homo* y *Nietzsche contra Wagner.*

1889 Sufre una severa crisis mental y su amigo Overbeck lo lleva a Basilea donde un médico lo valora y determina su estancia en un hospital psiquiátrico. Es trasladado a Jena donde se le diagnostica parálisis cerebral progresiva.

1890 Es entregado a su madre para que le brinde los cuidados pertinentes.

1897 La madre de Nietzsche fallece y su hermana se encarga de sus cuidados en la ciudad de Weimar, pero también comienzan las falsificaciones de ésta, con las que manipula y manosea las obras de su hermano.

1900 A la edad de cincuenta y seis años fallece en Weimar, sus restos son sepultados en Röcken junto a su padre.

Friedrich Nietzsche (1844-1900).

TÍTULOS DE ESTA COLECCIÓN

Adolfo Hitler
Agustín de Iturbide
Alejandro Graham Bell
Alejandro Magno
Antonio López de Santa Anna
Beethoven
Benito Mussolini
Buda
César Borgia
Charles Chaplin
Conde Cagliostro
Confucio
Cristóbal Colón
Dante Alighieri
Diana de Gales
Emiliano Zapata
Ernest Hemingway
Ernesto Che Guevara
Federico Nietzsche
Gandhi
Hernán Cortés
Jesús
John F. Kennedy
Joseph Fouché
Juan Diego
Juan XXIII
Juana la Loca
Julio César
Karl Marx
Leonardo Da Vinci
Lucrecia Borgia
Mahoma
Marco Polo
María Antonieta
María Tudor
Marilyn Monroe
Miguel Ángel
Mozart
Napoleón
Pancho Villa
Pitágoras
Porfirio Díaz
Rasputín
San Francisco de Asís
Sigmund Freud
Sor Juana Inés de la Cruz
William Shakespeare

Este libro se terminó de imprimir
en los talleres de Castillo
y Asociados Impresores.
Camelia 4, col. El Manto,
México, D. F.